BRIGITTE HAMANN
DER ERSTE WELTKRIEG

Zu diesem Buch

Brigitte Hamann hat das ganz andere Buch zum Ersten Weltkrieg geschrieben. Seit vielen Jahren sammelt die Historikerin Propagandakarten, Sterbebilder, Plakate, Karikaturen, Kriegsanleihen, Tageszeitungen, Lebensmittelkarten, Kriegstagebücher, Briefe und Photos. Mit diesen Dokumenten, die sie den fünf Kriegsjahren 1914 bis 1918 zuordnet und durch kurze Texte und Bildlegenden erklärt, zeigt die Autorin eindrücklich den Alltag des Krieges. Ihr reichhaltiges Material belegt in aller Schärfe, was bis heute gültig ist: Im Krieg klaffen Propaganda und Realität, Lüge und Wahrheit weit auseinander. Ob die massive Irreführung der Bevölkerung durch Politiker und Militärs, die Materialschlachten mit neuen Waffen, skrupelloser Einsatz von Menschenleben und die vielen Millionen an Opfern – dieser Krieg, dessen Ausbruch fast 100 Jahre zurückliegt, war der erste moderne Krieg und die Urkatastrophe des 20. Jahrhunderts.

Brigitte Hamann, Dr. phil., geboren in Essen, studierte Geschichte und Germanistik in Münster und Wien. Durch ihre zahlreichen Veröffentlichungen zur österreichischen Geschichte wurde sie zu einer vielbeachteten und anerkannten Historikerin. Ihre Bücher wurden zu Bestsellern und von Presse und Fachwelt hoch gelobt. Brigitte Hamann lebt in Wien. Zuletzt erschien von ihr »Hitlers Edeljude. Das Leben des Armenarztes Eduard Bloch«.

BRIGITTE HAMANN

Der Erste Weltkrieg

Wahrheit und Lüge in Bildern und Texten

Mit 424 meist farbigen Abbildungen
Überarbeitete Neuausgabe

Piper München Zürich

Mehr über unsere Autoren und Bücher:
www.piper.de

Von Brigitte Hamann liegen bei Piper im Taschenbuch vor:

Kronprinz Rudolf
Elisabeth
Bertha von Suttner
Hitlers Wien
Winifred Wagner oder Hitlers Bayreuth
Der Erste Weltkrieg

Überarbeitete Taschenbuchausgabe
1. Auflage November 2008
3. Auflage Februar 2013

Umschlaggestaltung: Büro Hamburg. Anja Grimm, Stefanie Levers
Bildredaktion: Büro Hamburg. Alke Bücking, Charlotte Wippermann
Umschlagabbildungen: Familienarchiv Hamann
Gesamtherstellung: Kösel, Krugzell
Printed in Germany ISBN 978-3-492-25285-0

Inhalt

„Soldatenleben"
Lustige Fahrt

Volkes Dank dem deutschen Heere

An diesem Stein
soll sich die Russenwelle brechen!

1916

Artillerie-
Beobachtungsstand
mit dem neuen
Scherenfernrohr

VATERLAND, DU FORDERST VIEL!

Das Heer der Waisenkinder in »Kreutzland« von Louis Raemaekers.

Vorwort

Dieses Buch ist ein sehr persönliches Buch. Die Idee dazu entstand während der Sichtung unseres Familienarchivs, speziell des Nachlasses von Dipl.-Ing. Walther Hamann (1889–1961), dem Vater meines verstorbenen Mannes. Als junger Leutnant, dann Oberleutnant diente er von 1914 bis 1918 als Eisenbahnspezialist in Südtirol, Galizien und Rumänien und hielt seine Erlebnisse in einem vollständig erhaltenen Kriegstagebuch fest. Außerdem sind Hunderte von Feldpostbriefen an seine in Wien lebenden Eltern und die jüngere Schwester Trude erhalten – samt Gegenbriefen und Photos. Denn Hamann war einer jener Kriegsteilnehmer, die mit einer der handlichen neuen Kameras Momentaufnahmen vom Kriegsalltag machten. Nicht zu vergessen sind ganze Stöße wertlos gewordener Kriegsanleihen, die das bescheidene Vermögen der Hamanns vernichteten. Außerdem brachte der Nachlaß unserer kinderlosen Tante Brunhild Eugel, geb. Stangl (1895–1977), Korrespondenzen zutage, die sie als Junglehrerin zwischen 1914 und 1918 mit Kollegen im Feld unterhielt. Die wichtigsten dieser Briefe stammen

Walther Hamann mit seiner Schwester Trude im April 1918 (links).

Die beiden Junglehrerinnen Brunhild Stangl (links) und ihre jüngere Schwester Friederike, die 1922 Walther Hamann heiratete (rechts).

von Oberleutnant Dr. Franz Jungbauer (1880–1955), im Zivilberuf Studienrat für Mathematik und Physik, im Krieg Artillerist an der Italienfront.

Die Beschäftigung mit diesen Papieren machte mir mehr denn je klar, wie wichtig und fruchtbar ein persönlicher Zugang zur Geschichte sein kann, gerade bei einem so überaus schwierigen Thema wie dem Ersten Weltkrieg. Wie sich aus vielen Gesprächen mit historisch durchaus interessierten Menschen ergab, beschränkt sich die übliche Kenntnis über diesen Krieg meist auf wenige Daten und Namen, während der Zweite Weltkrieg in vielen Einzelheiten präsent ist. Doch dieser Zweite Weltkrieg ist ohne den Ersten Weltkrieg ebenso undenkbar wie Hitlers Aufstieg zum »Retter Deutschlands« nach 1918. Ohne Wissen über die Zeit von 1914 bis 1918 ist der politische und gesellschaftliche Umbruch im 20. Jahrhundert nicht zu verstehen. Das Problem ist, einen direkten und verständlichen Zugang zu dieser Zeit zu öffnen.

Der Tagebuchschreiber Viktor Walther.

An wissenschaftlichen, vor allem militärhistorischen Arbeiten über den Ersten Weltkrieg besteht kein Mangel. Mit diesem Buch wollte ich etwas anderes: nämlich versuchen, aus zeitgenössischen Bildern und privaten Texten diese wichtigen vier Jahre aus dem Alltag der Menschen heraus auch für Laien vorstellbar zu machen. Der Weltkrieg wird hier also aus der Sicht der Betroffenen dargestellt, der Soldaten wie der Menschen an der »Heimatfront«.

Um das zu erreichen, genügten freilich die Familienpapiere nicht. Als Ergänzung wählte ich vor allem zwei wichtige Zeitzeugen: den Wiener Schriftsteller und Arzt Arthur Schnitzler, dessen zehnbändiges Tagebuch im Druck vorliegt, aber bisher kaum von Historikern rezipiert wurde, und die Berliner Künstlerin Käthe Kollwitz, eine kritische und verläßliche Chronistin. Ganz andere Perspektiven bieten die Aufzeichnungen des Land- und Gastwirts Viktor Walther aus Thüringen und des Allgäuer Lehrers Philipp Winter.

Was Aussagen von Soldaten betrifft, konnte ich auf das von Philipp Witkop herausgegebene Buch »Kriegsbriefe gefallener Studenten« nicht verzichten. Er begann bereits 1917/18 mit der Sammlung dieser Briefe, unterstützt von den deutschen Unterrichtsministerien und Universitäten, und konnte aus nicht weniger als 20 000 Briefen die Auswahl für den Druck treffen. Diese letzten Zeugnisse der jungen Toten dieses Krieges sind geradezu ein Denkmal geworden.

Lehrer Philipp Winter mit Schulkindern in Bolsterlang/Allgäu.

Zu Dank verpflichtet bin ich dem Deutschlandfunk, der im November 1998 zusammen mit Radio France und dem Deutsch-Französischen Jugendwerk Feldpostbriefe von französischen und deutschen Radiohörern sammelte und in der zwanzigteiligen Sendereihe »Feldpostbriefe – Lettres de poilus« ausstrahlte und ins Internet stellte.

Die hier zitierten Texte sind also nicht auf eine Nationalität beschränkt. Naturgemäß stehen aber Zeugnisse der Zweibundpartner, des Deutschen Reiches und Österreich-Ungarns, ungefähr zu gleichen Teilen im Mittelpunkt.

Bei den Bildern konnte ich auf meine Sammlung zum Ersten Weltkrieg zurückgreifen: Propagandakarten, Sterbebilder, Karikaturen,

Plakate, Photos, Zeitungen und Broschüren, Lebensmittelkarten, Kriegskinderbücher und -spiele und so weiter bis zu Rezepten für Steckrübengerichte und Krimskrams wie Ketten und Ringen aus der Aktion »Gold gab ich für Eisen«. All das sind Massenproduktionen, im einzelnen kaum etwas wert, aber, wie ich meine, nicht das schlechteste Mittel, um Geschichte vorstellbar zu machen.

Großen Raum nehmen die bunten Postkarten ein, Ergebnis einer bereits exzellenten Drucktechnik und Sammelobjekte in hohen Auflagen. Sie spiegeln den Zeitgeist zwischen 1914 und 1918 gut wider, sind aber ein problematisches Zeugnis. Denn es handelt sich hier eindeutig um Propaganda mit dem Zweck, den größten und grausamsten aller bisherigen Kriege zu verharmlosen, ja geradezu zur Idylle zu machen, den Patriotismus der Bevölkerung immer wieder aufzurütteln und die Devotion für Kaiserhaus und Militärführung wachzuhalten, vor allem aber: die vielfach Geplagten mit bunten Spendenaufrufen über mehr als vier Jahre lang opferwillig zu erhalten. Die Karten – wie die scharf zensierten Zeitungen – beschönigen den Kriegsverlauf der eigenen Nation, verschweigen die Katastrophen, bauschen aber feindliche Verluste und Fehlschläge auf. Die gleiche Methode praktizieren die Kriegsgegner.

Kriegsereignisse · Aktuelle Postkarten
Patriotische Postkarten
in künstlerischem **Kupferdruck** und in Klischeekunstdruck
liefert prompt sowohl vom **Lager** als auch auf **Anfertigung**
Wiener Rotophot-Gesellschaft
BLÜH & CO.
Wien, III. Rüdengasse 11. Tel. 9767, 9540, 4199

Diese falsche oder zumindest unvollständige Information erklärt das große Ausmaß der Illusionen, die man sich von der tatsächlichen Kriegslage machte.

Diese allumfassende Kriegspropaganda war, wie so vieles, neu im Ersten

Gloria-Viktoria. A. Greiner, pinx.

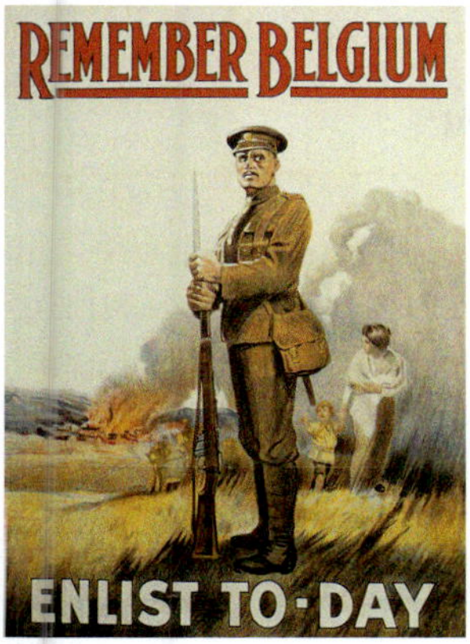

Englische Propaganda zur Rekrutierung von 1914.

Weltkrieg, einfach deshalb, weil es zum ersten Mal die technischen Möglichkeiten einer solchen Massenpropaganda gab. Mit mehr Raffinesse wird diese Methode noch heutzutage in jedem Krieg praktiziert. Heute kennt man die Gefahren der Propaganda – und fällt trotzdem darauf herein. Damals aber, 1914 bis 1918, hatten die meisten Menschen noch keine Erfahrung mit einer solchen Maschinerie und waren gewohnt, an das zu glauben, was geschrieben stand.

Der Historiker ist sich bei einem so weltumspannenden, unendlich vielfältigen Thema bewußt, nur Fragmentarisches, nach subjektiven Gesichtspunkten Ausgewähltes vorlegen zu können. Was auch immer man über diesen Krieg, die »Urkatastrophe des 20. Jahrhunderts«, zusammentragen mag: Es wird sich dabei immer nur, um mit Schnitzler zu sprechen, um »den millionsten Teil eines Millionstels« handeln.

Nicht die Schlachten stehen im Mittelpunkt dieses Buches, sondern die Menschen mit ihren Gefühlen und ihrem Alltag, Menschen, die zu Millionen erstmals wie Waffen und »Kriegsmaterial« eingesetzt wurden – und die anderen Millionen, die an der »Heimatfront« dieses ersten »totalen Krieges« von Hunger, Seuchen, Überanstrengung, Trauer und Hoffnungslosigkeit gequält waren.

Zehn Millionen Tote in aller Welt kostete dieser Krieg. Und 1918, beim Waffenstillstand, wußten die Überlebenden in den besiegten Ländern noch nicht, welch schwierige Zeiten auf sie zukommen würden.

Wien, im März 2004 und im Juli 2008 *Brigitte Hamann*

Das Attentat

Ende Juni 1914 reist der habsburgische Thronfolger Erzherzog Franz Ferdinand, seit dem Vorjahr »k. u. k. Generalinspektor der gesamten bewaffneten Macht«, zu Manövern nach Bosnien – was das benachbarte Serbien als Provokation betrachtet. Überdies ist der offizielle Empfang in Bosniens Hauptstadt Sarajewo ausgerechnet am 28. Juni angesetzt, dem nationalen Trauertag der Serben in Erinnerung an die 1389 verlorene Schlacht auf dem Amselfeld. Damals begann die fast 500 Jahre währende Herrschaft der Türken auf dem Balkan. Und diese ist in Bosnien nun durch die der »k. u. k. Türken« ersetzt, also der Habsburgermonarchie.

Bereits bei der Anfahrt zum Rathaus scheitert ein erster Anschlag eines 19jährigen Bosniers mit einer serbischen Handgranate, verletzt aber einen Adjutanten schwer. Franz Ferdinand absolviert den Empfang im Rathaus, an seiner Seite seine nicht ebenbürtige Frau und Mutter seiner drei Kinder, Herzogin Sophie von Hohenberg. Nach dem Empfang steigt das Paar ins Auto. Fünf Minuten später schießt der junge serbische Bosnier Gavrilo Princip und trifft beide tödlich. Der Täter wird gefaßt und gibt an, aus Liebe zu seiner Nation gehandelt zu haben. In Sarajewo wird wegen starker Unruhen der Ausnahmezustand ausgerufen.

Kaiser Franz Joseph I., der seinen Neffen alles andere als liebt, gestattet aus Standesgründen keine gemeinsame Beisetzung des Paares in der Kapuzinergruft, der Wiener Ruhestätte der Habsburger. So bleibt nur ein privates Begräbnis in Franz Ferdinands Schloß Artstetten in Niederösterreich, wozu keine ausländischen Staatsgäste geladen sind, wie es bei einem Staatsbegräbnis selbstverständlich gewesen wäre. So bleibt die Chance ungenutzt, bei einem persönlichen Treffen die politisch angespannte Situation zu klären. Noch nicht einmal die Kaiser Franz Joseph I. und Wilhelm II. haben in den folgenden Wochen Gelegenheit, persönlich miteinander zu sprechen.

Es war Bismarcks Idee, die Habsburger von Deutschland weg zum Balkan zu drängen: Im Berliner Vertrag von 1878 wurden die bisher

Franz Ferdinand und seine Frau verlassen das Rathaus. In Wien darf die geborene Gräfin Chotek und ehemalige Hofdame nicht offiziell an der Seite ihres Mannes auftreten.

Um kein Aufsehen zu erregen, werden die Särge des Thronfolgers und seiner Frau nach der Einsegnung in Wien nachts zum Bahnhof und von dort zu ihrem Familiensitz, Schloß Artstetten, gebracht. Aristokratische Freunde Franz Ferdinands demonstrieren ihre Mißbilligung der höfischen Politik damit, daß sie den Toten im Fackelschein das Ehrengeleit geben.

türkischen Provinzen Bosnien und Herzegowina dem Habsburgerreich zur Okkupation überlassen. 1908 geht Wien ohne Absprache mit den Großmächten einen Schritt weiter und gliedert die beiden Länder in die k.u.k. Monarchie ein, »annektiert« sie. Der k.u.k. Generalstabschef Franz Conrad von Hötzendorf will die Krise zum Anlaß für einen Präventivkrieg gegen Serbien, Rußland und sogar den Dreibundpartner Italien nehmen. Aber der Krieg wird verhindert: Serbien muß versprechen, sich fortan antiösterreichischer Agitation zu enthalten.

Der Balkan macht weiterhin seinem Namen als »Pulverfaß« alle Ehre. Im Ersten und Zweiten Balkankrieg 1912 und 1913 erkämpfen die Balkanstaaten weitere Gebiete des zerfallenden Osmanischen

Karikatur zur Annexionskrise 1908: Ein k. u. k. Soldat, Bosnien und Herzegowina im Rucksack, verhöhnt die protestierenden Großmächte (Frankreich, England, Rußland) und die Balkanstaaten. Der vorn auf den Knien liegende König ist Peter von Serbien. Im Hintergrund Ferdinand von Bulgarien, der sich neutral verhält. Nur knapp wird ein Krieg verhindert, weil das Deutsche Reich sich – mit erstmaligem Hinweis auf die »Nibelungentreue« – an die Seite Österreich-Ungarns stellt.

Reiches. Serbien, das sich als nationales Zentrum sämtlicher Südslawen versteht, wird immer aggressiver und verfolgt mit besonderem Haß die Pläne Franz Ferdinands, den k. u. k. Südslawen ähnliche Vorrechte wie den Deutschen und Ungarn zu geben, um die Ziele Serbiens zu konterkarieren.

Der Verdacht, das Attentat angestiftet zu haben, richtet sich demnach 1914 sofort auf die serbische Regierung. Die Erschütterung über den Tod des Thronfolgers aber hält sich in Grenzen. Arthur Schnitzler notiert noch am Todestag: »Die Ermordung F. F.s nach der ersten Erschütterung wirkte nicht mehr stark nach. Seine ungeheure Unbeliebtheit.«

Ruhe vor dem Sturm

Der Sommer 1914 ist außergewöhnlich schön. Kaiser Franz Joseph fährt wie alljährlich nach Bad Ischl. Wilhelm II. macht seine Nordlandreise. Und die Wiener übersiedeln, wenn eben möglich, aufs Land. Das Attentat ist fast vergessen.

Aber hinter den Kulissen konferieren im Juli hohe Militärs, Politiker und Diplomaten über die Chance, das Attentat für einen, wie man glaubt, ohnehin längst fälligen Krieg zu nutzen. Der k. u. k. Generalstabchef Franz Conrad von Hötzendorf und hohe Beamte des Außenministeriums befürworten einen Waffengang gegen Serbien – und möglichst auch gegen Rußland, das stark aufrüstet und von Jahr zu Jahr gefährlicher wird.

Das Deutsche Reich stärkt dem Bündnispartner den Rücken. Denn auch Berlin sieht eine willkommene Kriegschance: Als Beschützer und Verteidiger des durch das Attentat angeblich von Serbien angegriffenen Bündnispartners würde es aus edlen Motiven in einen Krieg gehen, der kein deutscher, sondern ein österreichischer wäre. Für die Bevölkerung in beiden Staaten würde es sich eindeutig um einen Verteidigungskrieg handeln. In Österreich-Ungarn geht man von einem kurzen Krieg aus, quasi einem dritten Balkankrieg. Daß die Deutschen in Wirklichkeit vor allem den Krieg mit Frankreich anstreben, ist den Österreichern nicht klar.

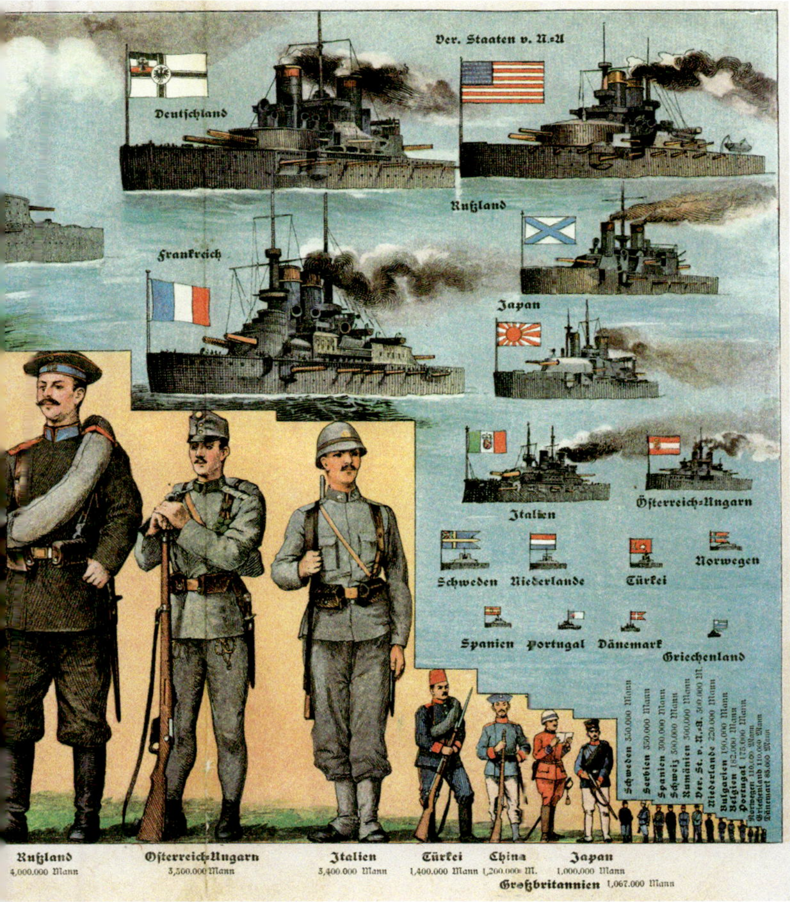

Die militärische Stärke der Großmächte wurde vor 1914 vielfach vergleichend dargestellt und dabei vor Augen geführt, daß es der Dreibund – das Deutsche Reich, Österreich-Ungarn und Italien – leicht mit den Gegnern – Serbien und Rußland – aufnehmen könnte. Zudem gab es ein Bündnis mit Rumänien, das für die Balkanfront wichtig war.

»Serbien muß sterbien!«

In Wien bereiten Beamte des Außenministeriums mit Wissen des deutschen Bündnispartners ein scharfes, unannehmbares Ultimatum gegen Serbien vor, das nach Ablauf von zwei Tagen den Krieg auslösen soll. Daß eine Mitwirkung der serbischen Regierung am Attentat nicht bewiesen ist, erfährt die Öffentlichkeit nicht.

Aus allerlei Gründen wird der Kriegsbeginn hinausgeschoben: Zunächst warten die Zweibundpartner ab, bis das für den 20. Juli angesetzte Treffen des französischen Ministerpräsidenten Raymond Poincaré mit Zar Nikolaus II. zu Ende ist. So soll verhindert werden, daß die möglichen Kriegsgegner sich allzu rasch persönlich verständigen können. In Österreich-Ungarn sind überdies in dieser Jahreszeit viele Soldaten im Ernteeinsatz und nicht ohne Aufsehen abzuziehen.

Der fast 84-jährige Kaiser Franz Joseph und der ungarische Ministerpräsident István Graf Tisza sind zunächst gegen einen Krieg. Tisza fürchtet durch die Stärkung der Südslawen eine Schwächung der ungarischen Sonderstellung. Franz Joseph hat bisher alle Kriege verloren und ist müde. Beide aber lassen sich von der angeblichen Notwendigkeit eines Krieges gegen Serbien überzeugen.

Das bisher unauffällige Bild ändert sich erst in der letzten Juliwoche: Die Zeitungen berichten plötzlich am 24. Juli, daß am Abend zuvor der k. u. k. Botschafter in Belgrad ein auf 48 Stunden befristetes Ultimatum Österreich-Ungarns an Serbien überreicht habe. Englische Vermittlungsversuche scheitern.

Obwohl Serbien den Forderungen weitgehend entgegenkommt, bricht Österreich-Ungarn am Abend des 25. Juli die Beziehungen ab. Beide Staaten mobilisieren. Die Bevölkerung ist zwischen Hoffen und Bangen. Der in der Schweiz urlaubende Arthur Schnitzler notiert am 27. Juli: »Der oesterr. serb. Krieg in Aussicht.« Und: »Kriegs- und Beruhigungsnachrichten … ›Patriotische‹ Empfindungen. Dazugehörigkeit.«

Ein politisches Kartenspiel von 1914 verspottet König Peter von Serbien als den »Schwarzen Peter«. Das blutige Messer weist auf das Attentat. Der König ist also als Mörder dargestellt.

Die Kaiser Wilhelm II. und Franz Joseph. Der Zweibund von 1879 gibt Österreich-Ungarn die Sicherheit deutscher Hilfe für den Fall, daß Rußland in den Krieg eingreift.

Der allgegenwärtige Schlachtruf in Wien ist: »Serbien muß sterbien!«

Unter den Wehrpflichtigen bricht Hektik aus. Der 25jährige Technikstudent Walther Hamann bittet am 27. Juli aus der Sommerfrische seinen Vater in Wien um Hilfe: Er habe zwar noch keine Einberufung, aber, für alle Fälle: »Meine Uniformen sind nicht in Ordnung, sie haben noch das Kamelhaarfutter von der letzten Winterwaffenübung, überdies muß die Kadetten- in eine Fähnrichsdistinktion abgeändert werden.« Und: »Hoffentlich gestalten sich die Verhältnisse doch noch so, daß alle diese Vorbereitungen schließlich überflüssig erscheinen, obzwar eine endliche und gründliche Klärung des ungewissen Zustands auch sehr notwendig wäre. Unser sommerliches Idyll ist indes empfindlich gestört.« Am nächsten Tag macht er sich »fluchtartig« auf den Heimweg nach Wien.

Am 28. Juli informiert Außenminister Graf Berchtold den Kaiser über ein angebliches Gefecht an der serbischen Grenze. Der alte Herr ist erbost, unterschreibt die ihm vorgelegte Kriegserklärung an Serbien – und bleibt in der Sommerfrische. Conrad von Hötzendorf habe ihm gesagt: »Ich hoffe, daß wir bis 18. August [Franz Josephs Geburtstag] ganz Serbien erobert haben werden.« Franz Josephs Vertraute Katharina Schratt erzählt in Wien: »der Kaiser habe in Ischl nur an einen serbischen Krieg geglaubt [!] und habe ihr gesagt: ›da brauche ich nicht nach Wien fahren.‹ Als dann von Deutschland her die Kriegserklärung an Rußland erfolgte, sei er sehr überrascht gewesen.«

(Redlich, 29.12.1914)

An mein Volk!
„Eine schwere Stunde ist heute über Deutschland hereingebrochen. Neider überall zwingen uns zu gerechter Verteidigung. Man drückt uns das Schwert in die Hand. Ich hoffe, daß, wenn es nicht in letzter Stunde meinen Bemühungen gelingt, die Gegner zum Einsehen zu bringen und den Frieden zu erhalten, wir das Schwert mit Gottes Hilfe so führen werden, daß wir es mit Ehren wieder in die Scheide stecken können. Enorme Opfer an Gut und Blut würde ein Krieg vom deutschen Volk erfordern. Den Gegnern aber würden wir zeigen, was es heißt, Deutschland anzugreifen. Und nun empfehle ich Euch Gott! Jetzt geht in die Kirche, kniet nieder vor Gott und bittet ihn um Hilfe für unser braves Heer!“
31. Juli 1914.
4824

Nibelungentreue

Am Tag nach der Kriegserklärung Österreich-Ungarns an Serbien gibt Zar Nikolaus II. am 29. Juli den Befehl zur Mobilisierung und zieht diesen – nach einem vermittelnden Telegramm Kaiser Wilhelms II. – wieder zurück. Am nächsten Tag aber, dem 30. Juli, läßt er sich von seinem Außenminister zur Vollmobilmachung überreden.

Damit ist der entscheidende Schritt zum Krieg getan. Berlin reagierte sofort: Helmuth von Moltke, Generalstabschef der deutschen Truppen, fordert telegraphisch Conrad von Hötzendorf zur Mobilisierung Österreich-Ungarns gegen Rußland auf und kündigt die deutsche Mobilmachung an.

Am 31. Juli bereitet Wilhelm II. sein Volk auf den kommenden »gerechten Verteidigungskrieg« gegen angreifende Feinde vor und kündigt auch »enorme Opfer an Gut und Blut« an. Dann ruft er zum Gebet für »unser braves Heer«.

Am 1. August melden Extraausgaben die deutsche Kriegserklärung an Rußland und die Mobilmachung gegen Frankreich. Am 3. August, noch vor der Kriegserklärung an Frankreich, besetzen deutsche Truppen Luxemburg und sichern sich die dortigen Eisenbahnen. Nach einem unannehmbaren Ultimatum folgt am Nachmittag die Kriegserklärung an Frankreich.

Von Serbien redet niemand mehr.

Wilhelm II., hier dargestellt vor dem Berliner Schloß, mit den Kernsätzen seiner Rede vom 31. Juli.

Der erfolgreiche Krieg von 1870/71 gegen Frankreich ist für Berlin das Muster für den neuen Krieg. Damals bezwangen die preußischen Truppen in 196 Tagen den Erbfeind Frankreich und gewannen unter anderem Elsaß-Lothringen. Die Proklamation des Preußenkönigs Wilhelm I. zum Kaiser des neuen Deutschen Reiches im Spiegelsaal von Versailles wird als Höhepunkt der nationalen Geschichte verstanden.

Kriegsausbruch zwischen Deutschland und Russland.

Ueberreichung der deutschen Kriegserklärung in Petersburg.

Russische Patrouillen schießen auf deutsche vor der Kriegserklärung.

Französische Aviatiker werfen Bomben in der Umgebung von Nürnberg.

Allgemeine Mobilisierung in Frankreich.

Schlagzeile aus einer Extraausgabe vom 1. August: Daß russische Patrouillen zuvor auf deutsche geschossen hätten, ist freilich ebenso eine Lüge wie die Meldung, daß französische Flugzeuge Bomben bei Nürnberg geworfen hätten. Diese Lügen haben den einzigen Zweck, die Feinde in der deutschen Öffentlichkeit als Aggressoren darzustellen und die Legende vom deutschen Verteidigungskrieg zu untermauern.

Nach dem Verständnis der Zeit wie der deutschen Geschichte beruhen Staaten und Reiche auf gewonnenen Kriegen, wie auch der berühmte preußische Historiker Heinrich von Treitschke lehrte. Nun soll der Krieg wieder einen raschen Sieg und dann Deutschland die Vorherrschaft auf dem Kontinent bringen.

Ohne den Krieg gäbe es gar keinen Staat. Durch Kriege sind alle uns bekannten Staaten entstanden; der Schutz seiner Bürger durch die Waffen bleibt die erste und wesentlichste Aufgabe des Staates.

Treitschke.

Der militärische Vater des Sieges von 1870/71 war Helmuth Graf von Moltke als Oberbefehlshaber. Nun, in diesem neuen Krieg, ist Moltkes gleichnamiger Neffe Generalstabchef. Das klingt siegverheißend.

Als Heldenstück präsentiert: Der Tennisspieler, der grob die Spielregeln verletzt, ist deutlich als Kronprinz Wilhelm zu erkennen.

(Kladderadatsch)

Überfall auf Belgien

Am 2. August fordert Berlin von Brüssel, den Durchmarsch deutscher Truppen durch Belgien zu genehmigen, und bietet dafür die Vergütung sämtlicher Kosten an. Wider Erwarten lehnt Belgien mit Hinweis auf seine Neutralität ab. Daraufhin marschieren schwerbewaffnete deutsche Truppen am 3. August in Belgien ein.

Der Überfall auf das kleine Nachbarland ist ein klarer Bruch des Völkerrechts und setzt die Deutschen bereits am ersten Kriegstag ins Unrecht.

Der Einfall in Belgien ist der erste Schritt einer streng geheimen Strategie, ausgearbeitet vom früheren Oberbefehlshaber Alfred Graf von Schlieffen. Der Schlieffenplan beruht auf einem Zweifrontenkrieg mit Frankreich einerseits und Rußland andererseits. In der Annahme, daß die Russen mindestens 40 Tage für die Mobilisierung benötigen, soll sich die deutsche Armee zunächst auf einen raschen Bewegungskrieg gegen Frankreich konzentrieren. Wegen der Stärke der französischen Grenzfestungen im Osten soll aber Frankreich nicht direkt angegriffen, sondern der weitere Weg über Belgien genommen und die französische Armee von Norden her umfasst werden. Dann wäre der Weg frei für die Einnahme von Paris und für Friedensverhandlungen.

Die Etappen des Vormarschs sind genau vorgeschrieben. Der siegreiche Einzug in Paris ist für den 42. Tag festgesetzt. Nach dem raschen Sieg über Frankreich soll dann der Krieg gegen Rußland mit voller Stärke geführt und gewonnen werden. Im Herbst, »wenn die Blätter fallen«, sei der Krieg siegreich zu Ende, verspricht Kaiser Wilhelm seinen Soldaten.

Bei den deutschen Generälen gilt dieser Plan wie die Garantie für den Sieg. Eine strategische Alternative gibt es nicht.

Deutsche Infanterie überschreitet die belgische Grenze.

Die Belgier protestieren nicht nur, sondern wehren sich heftig gegen den Überfall. König Albert übernimmt den Oberbefehl über die belgische Armee und ordnet die Sprengung der Maasbrücken an, um den deutschen Vormarsch zu behindern (rechts oben).

Auch Bahnlinien werden von den Belgiern gewaltsam unterbrochen (rechts unten).

V. C.
O.5.
EN GUERRE_
BELGES DÉFENDANT UNE ROUTE.
THE WAR_
BELGIANS DÉF

Preis 4 Heller.

Neuigkeits Welt-Blatt

Herausgeber: August Kirsch.

Extra-Ausgabe

vom 5. August 1914.

England hat an Deutschland den Krieg erklärt.

Die Sensation des heutigen Tages ist, daß England infolge des Durchmarsches deutscher Truppen durch das neutral erklärte Belgien an Deutschland den Krieg erklärte.

Das k. k. Telegraphen-Korrespondenzbureau verlautbart soeben folgende Mitteilung hierüber:

Berlin, 4. August (Dienstag) Mitternacht. Das Wolffsche Bureau meldet: Kurz nach sieben Uhr abends erschien der englische Botschafter Sir Edward Goschen im Auswärtigen Amt, um den Krieg zu erklären und seine Pässe zu fordern.

Deutschland befindet sich demnach gegenwärtig mit Rußland und England im offiziellen, mit Frankreich und Belgien in latentem Kriegszustand.

England

Wider alle Erwartungen erklärt Großbritannien dem Deutschen Reich am 4. August den Krieg mit Hinweis auf die massive Verletzung der belgischen Neutralität. Die Bestürzung der Mittelmächte ist groß. Denn eine wichtige Voraussetzung für diesen Krieg war, daß sich England, wie in den vorhergegangenen hundert Jahren, auch jetzt aus kontinentalen Kriegen heraushalten würde. Aber: England hat die Neutralität Belgiens garantiert. Überdies ist es nicht gewillt, einem Siegeszug der Deutschen und deren folgender Hegemonie auf dem Kontinent einfach zuzusehen. Vor allem eine eventuelle deutsche Eroberung der nordfranzösischen Küsten hätte die für England lebenswichtigen Aktivitäten der Royal Navy und der Handelsschifffahrt erheblich gestört.

Die Kriegserklärung Großbritanniens macht den erst wenige Tage alten Krieg zum ersten Weltkrieg der Geschichte. Denn nun sind auch Indien, Kanada, Neufundland, die Südafrikanische Union, Australien, Neuseeland und viele andere Staaten des britischen Weltreiches Kriegsgegner der Mittelmächte.

Schnitzler notiert am 5. August 1914 verstört: »Der Weltkrieg. Der Weltruin. Ungeheuere und ungeheuerliche Nachrichten ... Wir erleben einen ungeheuren Moment der Weltgeschichte. In wenig Tagen hat sich das Bild der Welt völlig verändert. Man glaubt zu träumen! Alle Menschen sind rathlos.«

Als erste kriegerische Maßnahme verhängt England ein Handelsverbot gegen das Deutsche Reich und eine Seeblockade mit Minen und Patrouillenschiffen rund um England. Die deutsche Kriegsmarine kann wenig dagegen ausrichten. Die teuren Kreuzer, der Stolz Kaiser Wilhelms II., sind nun die meiste Zeit zur Untätigkeit verdammt und bleiben in den Häfen.

»Nun aber wollen wir sie dreschen!« ist der Kampfruf Kaiser Wilhelms gegen die Feinde. John Bull, also England, bekommt einen Fußtritt oder wird – hier in Schottentracht gezeichnet – aufgespießt.

Die deutsche Propaganda ist mit dem Ruf »Gott strafe England!« allgegenwärtig. Die Deutschen grüßen in diesen Tagen mit »Gott strafe England!«, und die Angesprochenen antworten: »Er strafe es!«.

Japan und deutsche Kolonien

Japan galt – eingedenk des russisch-japanischen Krieges von 1904/05 – als möglicher Bündnispartner der Mittelmächte. Um so überraschender ist am 19. August 1914 das japanische Ultimatum an das Deutsche Reich mit der Forderung, die Hafenstadt Tsingtau in der deutschen Kolonie Kiautschou zu übergeben. Nach Ablauf des Ultimatums folgen die Kriegserklärung Japans und die Belagerung der Stadt vom Meer aus, wobei die japanischen Kreuzer die chinesische Neutralität verletzen.

Damit dehnt sich der Krieg nun auch auf die Kolonien aus, eine Möglichkeit, die man in Berlin – im Vertrauen auf einen Passus in der Kongoakte von 1885 – gar nicht bedacht hatte. In den deutschen Kolonien sind keine Kriegsvorbereitungen getroffen. Japan hat in Tsingtau wie in der ganzen Kolonie Kiautschou alle Chancen.

Am 7. November 1914 bereits müssen die Deutschen kapitulieren. Die Überlebenden – rund 5 000 deutsche Soldaten und Kolonisten – kommen in japanische Kriegsgefangenschaft.

Dann nimmt sich Japan, was es gebrauchen kann: nach der Kapitulation Kiautschous auch die deutschen Inselgruppen der Karolinen und Marianen. Deutsch-Neuguinea wird von australischen Truppen besetzt und die Samoainseln von den Neuseeländern.

Andere deutsche Kolonien führen noch einen längeren Kampf, selbstverständlich mit Hilfe einheimischer farbiger Truppen, denen wiederum farbige Truppen der Entente entgegenstehen. Zigtausende Afrikaner lassen ihr Leben im Kampf für die Europäer. In Deutsch-Ostafrika hält sich Paul von Lettow-Vorbeck mit seinen Truppen sogar bis November 1918.

Diese Propagandakarte preist die Bundesbrüderschaft des Deutschen Reiches und Österreich-Ungarns im fernen Osten. Der Beitrag der k.u.k. Marine dazu besteht allerdings nur aus einem einzigen Schiff: dem berühmten Raddampfer »Kaiserin Elisabeth«, im Hochzeitsjahr Franz Josephs und Elisabeths (»Sisi«) 1854 vom Stapel gelassen. Beim Angriff der Japaner befindet sich das Schiff gerade im Hafen von Tsingtau. Es unterstellt sich sofort dem Kommando des deutschen Gouverneurs, um die Stadt Seite an Seite mit dem deutschen Bündnispartner zu verteidigen.
Am 3. November 1914, als die deutschen Schiffe gesprengt werden, um sie nicht in die Hand der Feinde geben zu müssen, versinkt auch die einst so stolze S. M. S. »Kaiserin Elisabeth« im Chinesischen Meer.

Der Krieg als Kartenspiel: Der Deutsche führt das große Wort – und gewinnt. Die übrigen schauen enttäuscht. Der Amerikaner beobachtet, ohne einzugreifen. Und die Deutschen sollen beruhigt sein: Der Sieg sei trotz allem sicher.

Die deutsche Propaganda zeigt sich vollmundig und selbstbewußt mit den Sprüchen: »Jeder Schuß, ein Ruß!/Jeder Stoß, ein Franzos!/Jeder Britt, ein Tritt!/Jeder Klapps, ein Japs!« Und: »Ist Frankreich erledigt, wird den Russen gepredigt!« Rechts in der Mitte der Spruch: »Herrentour direkt auf Paris«. Wie häufig, wird auch hier die Truppe in Viehwagen transportiert: »9 Pferde od. 46 Mann«.

Zuversicht und Stärke soll dieses Bild der beiden groß gezeigten Kaiser und der kleiner dargestellten sieben Feinde vermitteln. In Wirklichkeit ist die Lage der Mittelmächte prekär. Denn der Dreibundpartner Italien hat sich wider Erwarten für neutral erklärt – ebenso wie der Bündnispartner Rumänien. Mit der Türkei wird immer noch verhandelt, bis es im November 1914 endlich zum Kriegseintritt des Osmanenreichs an der Seite der Mittelmächte kommt.

Euphorie

Der seit Jahren in ganz Europa geschürte extreme Nationalismus entlädt sich bei Kriegsbeginn in einer Sturmwelle großer patriotischer Gefühle und kollektiver Opferbereitschaft. In seiner Rede vom Balkon des Berliner Schlosses am 4. August ruft Kaiser Wilhelm auch den vielzitierten Satz: »Ich kenne keine Parteien mehr, ich kenne nur Deutsche.« Er appelliert damit vor allem an die Solidarität der Sozialdemokraten, die bisher als »vaterlandslose Gesellen« beschimpft und im öffentlichen Leben benachteiligt wurden. Nun braucht er sie als Soldaten und zur Bewilligung der Kriegskredite.

Sogar der Pazifist Stefan Zweig bekennt später, »daß in diesem ersten Aufbruch der Massen etwas Großartiges, Hinreißendes und sogar Verführerisches lag, dem man sich schwer entziehen konnte ... Wie nie fühlten die Tausende und Hunderttausende Menschen, was sie besser im Frieden hätten fühlen sollen: daß sie zusammengehörten ... Jeder einzelne erlebte eine Steigerung seines Ichs, er war nicht mehr der isolierte Mensch von früher, er war eingetan in eine Masse, er war Volk, und seine Person, seine sonst unbeachtete Person hatte einen Sinn bekommen.« Und: »Keine Stadt, keine Gruppe, die nicht dieser grauenhaften Hysterie des Hasses verfiel. Die Priester predigten von den Altären, die Sozialdemokraten, die einen Monat vorher den Militarismus als das größte Verbrechen gebrandmarkt, lärmten womöglich noch mehr als die anderen, um nicht nach Kaiser Wilhelms Wort als ›vaterlandslose Gesellen‹ zu gelten.« Und, in der Rückschau: Krieg brauche eben »einen gesteigerten Zustand des Gefühls, er braucht Enthusiasmus für die eigene Sache und Haß gegen den Gegner«.

Auch bei den Franzosen herrscht patriotische Stimmung in der Hoffnung auf die Wiedergewinnung von Elsaß-Lothringen. Der 22jährige Musiker Maurice Maréchal berichtet der Mutter jedoch mit gemischten Gefühlen über seine Fahrt in den Krieg: »Während der ganzen Fahrt gestern haben die Leute unterwegs oder auf den Bahnhöfen nicht aufgehört, uns anzufeuern, die Frauen warfen uns Küsse

Um den Krieg nicht zu versäumen, stürmen die Freiwilligen in einer wahren Massenhysterie die Kasernen. Untauglichkeit gilt als Schande und persönliche Katastrophe. Käthe Kollwitz notiert am 12. August 1914: »Während ich am Bahnhof Börse auf den Zug warte, wirft sich ein Mann als er einfährt vor die Lokomotive. Die Beine werden ihm abgefahren. In der Zeitung stand dann, weil er militäruntauglich sei.«

Eine riesige Propagandaschlacht wird im August 1914 im Deutschen Reich entfesselt. Kinder sind dabei besonders beliebte Werbeträger.

Das Garde-Jäger-Bataillon Potsdam ruft zum Kampf mit den Worten Kaiser Wilhelms vom 4. August: »Uns treibt nicht Eroberungslust, uns beseelt der unbeugsame Wille, den Platz zu bewahren, auf den Gott uns gestellt.« Die deutsche Bevölkerung zweifelt nicht daran, daß es sich um einen Verteidigungskrieg handelt.

zu, die Männer stimmten mit uns die Marseillaise und den ›Chant du départ‹ an.« Aber: »Warum muß mir eine dumpfe Angst das Herz zuschnüren – wenn das eine Truppenübung wäre, dann wäre das sehr unterhaltsam; doch übermorgen oder in drei Tagen wird der Kugelhagel einsetzen, und wer weiß? Wenn ich nicht zurückkehren sollte, dann hätte ich vorsätzlich meine Mutter unter die Erde gebracht, ermordet. Was steht mir noch bevor? Verzeih, Mama!« Und: »Ich bin, ich will nicht feige sein. Doch die Idee, daß eine idiotische Kugel meine Zukunft verpfuschen kann, das läßt mich angstvoll erzittern. Und dennoch muß man mitmarschieren. Aber egal, was jetzt kommt, ich bin dabei, ich kann nicht mehr zurück!« Er schließt: »Allons, soyons gais, courageux, confiants.« (Nun also, seien wir fröhlich, mutig und voll Vertrauen.) (DF)

Wie die meisten Mütter ist auch Paula Hamann besorgt, als ihr Sohn Walther am 1. August einrücken muß: »Der Abschied war unsagbar schwer. Denn wer konnte denn in die Zukunft sehen und wissen, was sie uns bringen wird?« Zu ihrem Trost hatte sich der Sohn vier Jahre zuvor nicht wie die meisten seiner Kameraden zur Infanterie gemeldet, die im Krieg mit den größten Verlusten rechnen muß, sondern zum Eisenbahnregiment der Pioniere. Zudem soll er nach einer Spezialausbildung erst Ende Dezember 1914 an seinen ersten Einsatzort kommen. Und dann würde der Krieg ja ohnehin zu Ende sein.

Deutsche Jugend 1914.

Ina Seidel.

Wir wußten nicht, wozu wir blühten,
Und Jugend schien uns Fluch und Last,
Ein Fest, an dem wir nicht erglühten, —
Man trank — man ging — ein satter Gast.

Und unser Blut ging dick und träge,
Wir hatten allzu blanke Wehr,
Wir hatten allzu glatte Wege,
Wir hatten keine Lieder mehr.

Drum jauchzen wir in diesen Tagen,
Drum sind wir trunken ohne Wein,
Drum dröhnt's uns aus der Trommeln Schlagen:
O heil'ges Glück, heut jung zu sein!

Die Hysterie der Augusttage ist in diesem Gedicht spürbar. Seit 1871 hatte das Deutsche Reich keinen Krieg mehr geführt. Man lebte im Wohlstand und im Gefühl der Stagnation und Übersättigung. Nun locken Heldentum, Eroberungen und der Kampf um einen als sicher gewähnten glanzvollen Sieg.

Phototermin

Vor dem Ausmarsch in den als sicher siegreich gewähnten Krieg lassen sich viele Soldaten noch einmal photographieren. Auch Kaiser Wilhelm posiert mit seinen Söhnen, fünf in feldgrauer Uniform und ganz rechts Prinz Adalbert in Marineblau.

Viele der im August 1914 angefertigten Photos werden bald auf Sterbebildern Verwendung finden. Die sechs Kaisersöhne überleben den Krieg.

Lied an Alle.

Sei gesegnet, ernste Stunde,
Die uns endlich stählern eint;
Frieden war in Aller Munde,
Argwohn lähmte Freund wie Feind —
Jetzt kommt der Krieg!
Der ehrliche Krieg!

Dumpfe Gier mit stumpfer Kralle
Feilschte um Genuß und Pracht;
Jetzt auf einmal fühlen Alle
Was uns einzig selig macht —
Jetzt kommt die Not,
Die heilige Not!

Feurig wird nun Klarheit schweben
Über Staub und Pulverdampf;
Nicht ums Leben, nicht ums Leben
Führt der Mensch den Lebenskampf —
Stets kommt der Tod,
Der göttliche Tod!

Gläubig greifen wir zur Wehre
Für den Geist in unserm Blut;
Volk, tritt ein für deine Ehre,
Mensch, dein Glück heißt Opfermut —
Dann kommt der Sieg,
Der herrliche Sieg!

Richard Dehmel.

Patriotischer Stolz und Zuversicht auf einen raschen Sieg ist diesen Fotos zu entnehmen.

Abschiede

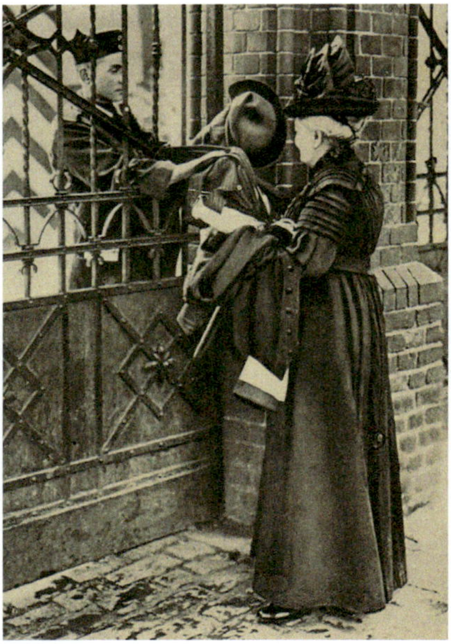

Der Anfang eines neuen Lebens in Uniform: Ein junger Kriegsfreiwilliger reicht seiner Mutter seine Zivilkleider durch das Gitter des Kasernenhofs.

Vor der Kulisse des Brandenburger Tors in Berlin gehen fröhliche Soldaten und elegante Damen in den Krieg. Knaben und alte Herren tragen stolz ein Gewehr.

„Lieb' Vaterland, magst ruhig sein!“

Jubelpatriotismus, Blumen und Bewunderung für die ausrückenden deutschen Soldaten auf bunten Propagandakarten. Josef Redlich dagegen schildert am 3. August die Situation am Wiener »Nordbahnhof, wo ergreifende Szenen bei der Abreise von Tausenden von Reservisten in drei Schnellzügen stattfanden. Die weinenden Mütter, Frauen und Bräute: welcher Jammer wird erst kommen!«

Telephon- und Postverbindungen mit dem feindlichen Ausland sind inzwischen gesperrt, Brief- und Pressezensur eingeführt. »Feindliche Ausländer« werden observiert oder interniert, manche auch, wie diese Russen in Berlin, als Spione festgenommen und verhört.

Franktireurs

Die englische Kriegserklärung verschärft den Zeitdruck der Deutschen. Denn nun wollen sie Belgien und Frankreich besiegen, bevor die britischen Truppen kommen. Sie behandeln das wohlhabende kleine Nachbarland mit ungeahnter Brutalität. Mit allen Mitteln sollen die Belgier eingeschüchtert und gezwungen werden, zu kooperieren und die Deutschen nicht auf dem Weg nach Paris zu behindern. Aber die Belgier kämpfen weit erfolgreicher als geahnt, allerdings eher unkonventionell, was die Deutschen irritiert und erzürnt.

Die erste größere befestigte Stadt auf dem Weg nach Paris ist Lüttich. Der Widerstand ist heftig. Oft muß Haus für Haus erstürmt werden. Etwas verspätet wird Lüttich am 16. August eingenommen. Am 20. August marschieren deutsche Truppen in Brüssel ein.

Bei wachsenden Verlusten reagieren die Soldaten immer hektischer. Sobald sich nur der kleinste Widerstand regt, zünden sie zur

Die belgische Königsfamilie zieht sich mit der Regierung nach Antwerpen zurück. Die wichtigsten Akten werden in Eile nach Bordeaux in Sicherheit gebracht.

Die 42er-Kanone »Dicke Berta« der Firma Krupp hat die starken Mauern der Festung Lüttich zerstört.

Strafe Dörfer an, verhaften und erschießen angebliche »Franktireurs«, bewaffnete Freischärler. Vor den Greueltaten der »Hunnen« oder »Barbaren« fliehen Zigtausende Belgier über die Grenze in das neutrale Holland.

Unter den von den Deutschen mutwillig zerstörten belgischen Kleinstädten ist auch Dinant, eine malerische Sommerfrische an der Maas, deren Name für ein Massaker steht: Als sächsische Truppen die zerstörte Brücke reparieren, werden sie beschossen – angeblich von Franktireurs. Daraufhin starten die Deutschen am 23. August eine Strafaktion, zünden Häuser an, schließlich ganze Straßenzüge, plündern und ermorden 674 der knapp 8 000 Einwohner – sowohl Frauen wie Männer, viele Kinder und vier Babys, angeblich alle bewaffnet. Bilder des zerstörten Städtchens gehen um die Welt und lösen Empörung über die deutschen »Barbaren« aus.

	Aussprache	
Sind Waffen, Pulver, Munition da verborgen?	Äh sö kö däh farm, dö la puhdr, däh münisiong song kaschch la?	Est-ce que des armes, de la poudre, des munitions sont cachés là?
Wenn Sie alles zeigen, haben Sie nichts zu fürchten	Sih wuh mongtreh tuh, wuh naweh riüng a krängdr	Si vous montrez tout, vous n'avez rien à craindre
Führen Sie uns zu:	Kongdüiisch nuh: '	Conduisez-nous:
den Tunnels,	oh tünell	aux tunnels
Viadukten, Brücken	wihadück, pong	viaducs, ponts
Geben Sie mir einen Fahrplan	Donneh moa öngdikatöhr	Donnez-moi un indicateur
Wo haben Sie:	Uh aweh wuh:	Où avez-vous:
Petroleum, Kohlen, Reserveteile?	dü pehtroll, dü scharbong, däh piäß dö röschangsch?	du pétrole, du charbon, des pièces de rechange?
Halt! Entfernen Sie sich oder ich schieße	Halt! ehkarteh wuh uh schö tier	Halte! Écartez-vous ou je tire
Schnell; sofort	Witt; dö switt	Vite; de suite
Ich brauche 30 Arbeiter: morgen	Schch bösoäng dö trangt uwriëh dömäng matäng	J'ai besoin de trente ouvriers demain matin

Kostprobe aus dem deutsch-französischen »Soldaten-Sprachführer«.

Dinant mit Blick auf die gotische Kirche Notre-Dame am Fuß des Felsens mit der alten Zitadelle. Oben die deutsche Anmerkung: »Diese Brücke ist auch gesprengt worden.«

Bilder der Ruinen von Dinant werden zu Propagandamaterial gegen die deutschen »Barbaren«. Deutsche Zeitungen allerdings stellen die Ereignisse falsch dar und behaupten, die Franzosen hätten Dinant zerschossen.

Hunnen und Barbaren

Am 19. August besetzen die Deutschen die alte belgische Universitätsstadt Löwen. Am 25. August fallen plötzlich Schüsse. Die Soldaten geraten in Panik, fühlen sich von Franktireurs umzingelt und beginnen eine fünftägige Strafaktion: Sie zerstören die Stadt, legen Brände und veranstalten Massenerschießungen angeblicher Franktireurs. Im Zuge der Kämpfe, möglicherweise durch Artilleriebeschuß, erfaßt das Feuer die schönen mittelalterlichen Universitätsgebäude und zerstört die gesamte weltberühmte Bibliothek mit den in Jahrhunderten gesammelten kostbaren Handschriften und Büchern.

Die Nachricht löst in der ganzen Welt Empörung aus: Das Volk, das sich so vollmundig als Kulturnation versteht, hat unwiederbringbares Kulturgut zerstört, das der ganzen Menschheit gehörte.

Einer jener deutschen Soldaten, die verzweifelt dem Treiben zusehen, aber ebenfalls den Franktireurs die Schuld geben, ist Gottfried Sender, der schreibt: »Sähen Sie hier die verbrannten Dörfer, die zerstörten Gehöfte, so würde sich Ihnen manchmal das Herz krampfen. Da schießt so irgendein fanatisierter Belgier auf vorüberziehende Soldaten; meist ist dann das Dorf verloren ... Die Wut der Soldaten ist unbeschreiblich. Wenn die Leute doch vernünftig sein wollten; es würde ihnen sicherlich kein Haar gekrümmt werden.« (KbJ)

Käthe Kollwitz notiert ein Zuggespräch mit einem Soldaten: »ein blühender rosenwangiger kindlich aussehender junger Mensch«. Auf die Frage, »wie es sei, wenn es ins Feuer ginge«, antwortet er: »Wenn einer nach dem andern fällt, da kriegt einen so eine Wut, da zieht es einen nach vorn.« Kollwitz: »Wenn es in Belgien galt, in Franctireur-Häuser zu gehen, da war er immer gerne dabei sagt er.« (9.9.1914) Franktireurs und solche, die man dafür hielt, wurden erschossen.

Belgien, dargestellt als mißhandeltes nacktes Mädchen mit aufgezwungener Pickelhaube, schreiend: »Nein, Mama, ich will keine ›boche‹ (gleichbedeutend mit Schwein, Deutsche, Hure, Hunnin) sein!«

Loewen dem Erdboden gleichgemacht.

Ueberfall durch die Einheimischen.

Berlin, 28. August. Während eines Ausfalles aus Antwerpen überfielen alle Einwohner der Stadt L o e w e r, offenbar organisiert, die deutschen Kolonnen. Dafür wurde die Stadt schwer bestraft, v ö l l i g z e r s c h o s s e n und **fast dem Erdboden gleichgemacht.**

* * *

»... alle Einwohner ...«: eine der Zwecklügen der deutschen Propaganda.

»Beute für die Sieger« von Louis Raemaekers. Deutsche werden als Plünderer, Räuber und Frauenschänder (man beachte die rechte untere Ecke) dargestellt, die rufen: »Es muß Platz gemacht werden für unsere Kultur!«

Ein deutscher Zeitungsbericht bringt eine Sensation im Großformat: »In der Nacht vom 27. zum 28. August erschien über Antwerpen ein ›Zeppelin‹ und warf zahlreiche Bomben. Durch eine Bombe wurde die Gasanstalt zerstört, wodurch die Gaslaternen plötzlich erloschen. Es entstand eine ungeheure Panik. – Von dem Luftschiff aus konnte die Wirkung der Würfe sehr gut verfolgt werden. Eine Bombe fiel in eine Häusergruppe, wobei man von dem Luftschiff aus sah, wie sich die ganze Vorderfront eines Hauses ablöste und auseinanderfiel.« Der Zeppelin habe bis über die holländische Grenze »größte Bestürzung« ausgelöst: »Dicht bei dem Antwerpner Palais sind Häuser beschädigt, Splitter sind in das Schlafzimmer des königlichen Palais geflogen ... Das Luftschiff, obwohl heftig beschossen, ist unversehrt nach Deutschland zurückgekehrt.«

42 ctm

Marianne droht gewappnet bis über die Zähn'.
Wir schossen sie in Brand, daß die Rauchlocken nur so wehn.
Nun wach' ich als ein getreuer Artollerist,
Bis der Hochmut ihr gänzlich ausgeräuchert ist.

Marianne, du bist eine sehr patente Person,
Hattest manchen Verehrer auf manchem hohen Thron.
Doch in meinem Herzen den allerwärmsten Platz
Hat die dicke Berta, mein brummiger Schatz.

Festung Frankreich. Zeichnung von Prof. Julius Diez

»Nach Paris!«

Die Franzosen starten im August 1914 mit fünf Armeen einen Großangriff in Lothringen und werden zurückgeschlagen. Käthe Kollwitz am 19. August: »Große Unruhe auf den Straßen, es heißt Nancy sei genommen. Vor den Depeschenbüros Ansammlungen, alle warten auf ein Extrablatt.« Am 21. August: »Der große Sieg bei Metz wird amtlich verkündet … Auf der Straße buntes lustiges Leben wegen der gewonnenen Schlacht.« Die Siegesmeldungen lassen die Künstlerin für das Überleben ihrer beiden Soldatensöhne hoffen: »Es wird vielleicht nicht so schlimm, sie kommen vielleicht heil wieder. Dazu kommen die guten Kriegsnachrichten aus Frankreich. In einigen Wochen ist es da vielleicht erledigt. Dann bleibt Rußland.« (27. 8. 1914)

Aus Dörfern und Städten fliehen die Menschen in Scharen. Den deutschen Soldaten ist dies nur recht. Adolf Detering schreibt nach Hause: »Was Essen und Trinken anbelangt, da bekomme ich es im Leben nicht mehr besser. Die Dörfer, die wir auf unserem Vormarsch berühren, sind von den Einwohnern alle fluchtartig verlassen worden. Um irgend etwas mitzunehmen, dazu hatten sich die dummen Leute aus Angst vor uns gar keine Zeit gelassen. Wir sind stellenweise in Häuser gekommen, wo das Essen angerichtet, aber völlig unberührt auf dem Tisch stand … Am Freitag hatten wir Mittags mit fünf Mann vier Hühner und abends zwei Kaninchen. Butter und Eier sind

Erschreckend und abstoßend wie ein Medusenhaupt wird hier Marianne, die »Festung Frankreich«, präsentiert, von der »Dicken Berta« in Brand geschossen und von einem deutschen Artilleristen bewacht.

auch genug da, Kaffee und Zucker haben wir im Überfluß und denken nur immer wieder, könnten wir die Herrlichkeiten doch nach Hause schicken.« Aber: »Nur schade, daß alle die schönen französischen Dörfer so traurig zugerichtet werden. Was wir allein daraus fortschleppen, ist nicht so leicht zu ersetzen, aber wir müssens eben auch haben.« (DF)

Es gilt die uralte Methode: Das Land ernährt den Krieg.

Eroberung der ersten französischen Fahne bei Lagarde am 11. August 1914. Die Franzosen tragen noch ihre alte Montur in weit sichtbarem Rot-Blau und sind deshalb ein leichtes Ziel für die Gegner. In aller Eile muß die gesamte Armee neue, unauffällige Monturen bekommen.

Alb. Erbert.

Siegesfeier am Sedanstag

Am Sedanstag, dem 2. September 1914, findet in Erinnerung an die siegreiche Umfassungs- und Vernichtungsschlacht von Sedan 1870 eine wohlinszenierte Zusammenkunft statt, die der wöchentlich erscheinenden »Illustrirten Geschichte des Weltkrieges« eine farbige Doppelseite wert ist: Vor der Kulisse des brennenden Dorfes Sorbey bei Metz erwartet der siegreiche Kronprinz Wilhelm zu Pferd, umgeben von seinem Stab, seinen Vater Kaiser Wilhelm II., den Oberkommandierenden der deutschen Truppen. Wilhelm fährt im Auto vor: »Ein brausendes Hurra aus deutschen Soldatenkehlen pflanzte sich von Mund zu Mund fort und ertönte weithin über das Feld.« Und: »Aus der Ferne erhoben sich die Wälle der von den deutschen Truppen eroberten Festung Longwy, von der die deutsche Fahne siegreich herübergrüßte.« Und: »Trupps gefangener Franzosen kamen vorüber, die nach Deutschland abgeführt wurden.« Links unten sind – vom Maler sorgfältig inszeniert – drei besiegte Franzosen zu sehen. Einer von ihnen stammt sichtlich aus den Kolonien und ist als Hinweis auf den »Rassenkrieg« zu verstehen.

Auch in Berlin wird dieser 2. September feierlich begangen. Käthe Kollwitz: »Es werden die eroberten Geschütze und die russische

Begegnung Kaiser Wilhelms II. mit dem deutschen Kronprinzen bei dem Dorfe Sorbey am 2. September 1914.
Nach einem Gemälde von G. Adolf Closs.

Fahne eingebracht ... Berlin steht ganz unter dem Sedan-Zeichen. Die ganze Stadt ist beflaggt. Menschenmassen Unter den Linden, alles in Jubel- und Siegesstimmung, als ob der Krieg schon beendet wäre.« (8.9.1914) Zudem berichten die Zeitungen an diesem Tag von der Flucht der französischen Regierung aus Paris nach Bordeaux.

Allen soll klar sein: Die deutschen Truppen befinden sich auf den siegreichen Spuren des Jahres 1870/71: Der Weg nach Paris ist frei.

Das Wunder an der Marne

Die deutsche Führung ist so siegessicher, daß sie vier Korps vom rechten Flügel abzieht und zu Hindenburgs Unterstützung nach Ostpreußen schickt. Die Truppen kommen dort zu spät an, fehlen aber im Westen bald empfindlich – ebenso wie weitere von Moltke abgezogene Korps. Der Generalstabchef ist nicht vor Ort, sondern kränkelnd in seinem Hauptquartier in Luxemburg, schlecht informiert und inaktiv. Der Führungsmangel und willkürliche Änderungen des Schlieffenplans durch Moltke führen schließlich dazu, daß sich zwischen der 1. und der 2. deutschen Armee eine rund 40 Kilometer breite Lücke auftut.

Die sehnlichst erwarteten englischen Unterstützungstruppen werden von den Franzosen bestaunt, hier beim Ausschiffen in Boulogne. Die Deutschen stehen nur noch 50 Kilometer vor Paris. Ihr Sieg – und die Niederlage Frankreichs – ist greifbar nahe.

Die Deutschen greifen an der Marne auf breiter Front an und rücken rasch vorwärts.

Der französische Oberkommandierende Joseph Joffre, von seinen Soldaten »Papa Joffre« oder »le Grand-Père« genannt, der umjubelte Sieger der Marneschlacht.

Die Franzosen wagen sich anfangs nur zögernd in die Lücke vor, da sie eine Falle vermuten. Als sie aber die Lage erkennen, bereitet General Joseph Joffre eine große Offensive vor. Zusammen mit dem Militärgouverneur von Paris setzt er am 7. September eine bisher beispiellose Aktion in Gang: Streng geheim werden 600 Taxis requiriert, mit jeweils fünf Soldaten beladen und bei Nacht und ausgeschalteter Beleuchtung in einem langen Konvoi zur Front dirigiert, und das je zweimal.

Am 8. September greift die derart verstärkte französische Armee überraschend die nach dem langen Vormarsch erschöpften Deutschen an und bringt ihnen verheerende Verluste bei. Der deutsche Generalstabschef Helmuth Graf von Moltke (s. S. 27), befindet sich krank in Luxemburg. Er schickt einen Oberstleutnant an die Westfront, um die

Die Franzosen haben erstmals in diesem Krieg Grund zu Schadenfreude: Ein französischer Landser (»Poilu«) schlägt dem verhaßten deutschen Kronprinzen Wilhelm ein blaues Auge. *(Raemaekers)*

Lage zu erkunden. Und dieser, überzeugt von einer drohenden Niederlage, befiehlt den sofortigen Rückzug in eine Verteidigungsstellung an der Aisne. Dabei geraten am 10. September 50 000 Deutsche in französische Gefangenschaft.

Dieser überraschende und, wie sich später herausstellte, vorschnelle Rückzug wird von den Franzosen als »Wunder an der Marne« bejubelt. Ein »Marne-Taxi« ist noch heute im Pariser Kriegsmuseum zu bewundern. Daß es sich hier nicht nur um einen Rückzug, sondern um den entscheidenden Wendepunkt des Krieges handelt, ist weder den französischen noch den deutschen Soldaten klar und schon gar nicht der Öffentlichkeit. Die Generäle und hohen Politiker aber wissen: Die grundlegende deutsche Strategie, der Schlieffenplan, für die deutsche Heeresleitung eine Art Evangelium, ist gescheitert. Moltke muß zurücktreten und General Erich von Falkenhayn Platz machen.

Der Ausgang der Schlacht wird in Deutschland geheimgehalten. In den Zeitungen heißt es nur, die Deutschen hätten sich aus strategischen Gründen zurückgezogen, einige tausend französische Gefangene gemacht und viele Geschütze erbeutet. Aber Gerüchte gehen um und verunsichern die »Heimatfront«. So notiert Schnitzler am 13. September 1914: »Jemand telephoniert daß die Deutschen vor Paris geschlagen seien – was sich bald als falsches Gerücht herausstellt.«

Der junge k. u. k. Offizier Heinrich Benedikt ist einer der wenigen, die vom wahren Ausgang der Marneschlacht erfahren: Er dient beim Armeeoberkommando in Galizien, wo er sein Quartier mit einem hohen deutschen Offizier teilt. Der Deutsche markiert täglich auf einer ausgehängten großen Karte mit angesteckten Fähnchen das rasche Vorrücken der Westfront, hört aber plötzlich damit auf. Nach dem Grund befragt, zeigt der Offizier nur »stumm die deutschen Verlustlisten der Marneschlacht«.

Die Marneschlacht fordert bei den Deutschen Verluste von 250 000 Mann (Gefallene, Verwundete und Gefangene) und damit ungefähr gleich viel wie bei den Franzosen.

Der deutsche Sieg ist mit dem Schlieffenplan nun nicht mehr zu erringen. Aber der Kampf wird fortgesetzt, wenn auch ohne vergleichbare Strategie.

Farbige Hilfsvölker

Franzosen, Belgier und Engländer schicken große Kontingente an Kolonialtruppen in den Kampf: Inder, Senegalesen, Kongolesen und andere. Die deutsche Propaganda nutzt dies und macht den Krieg nun zum Rassenkrieg: Das deutsche »Kulturvolk«, die weiße Rasse, müsse gegen die angeblich minderwertigen farbigen Rassen kämpfen, die die Feinde zur Schonung der eigenen Truppen in die Schlacht werfen.

England schickt 1914 150 000 Inder an die französische Front. Diese erweisen sich als gute Soldaten. Aber der ihnen ungewohnte europäische Winter zusätzlich zu den Strapazen der Schlachten ist für sie schwer zu ertragen. Die Verlustrate der indischen Truppen ist sehr hoch und liegt 1914 an verschiedenen Frontabschnitten sogar bei knapp 100 Prozent (Gefallene, Verwundete und Gefangene). 1915, nach dem Kriegseintritt der Türkei, werden indische Regimenter nach Mesopotamien, Ägypten, Palästina, an den Persischen Golf und auf die Halbinsel Gallipoli bei den Dardanellen verlegt. Bis 1918 kämpfen und arbeiten allein 1,5 Millionen Inder für England. Zigtausende von ihnen lassen auf den europäischen Schlachtfeldern ihr Leben.

Eine Blumenlese Gefangener vom westlichen Kriegsschauplatze
Franzosen, Neger, Engländer, Belgier und Inder

Gefecht mit Indern.

Wie populär die Rasseparolen sind, zeigen auch diese Beispiele aus dem Kartenspiel »Schwarzer Peter von Serbien« von Arpad Schmidhammer von 1914.

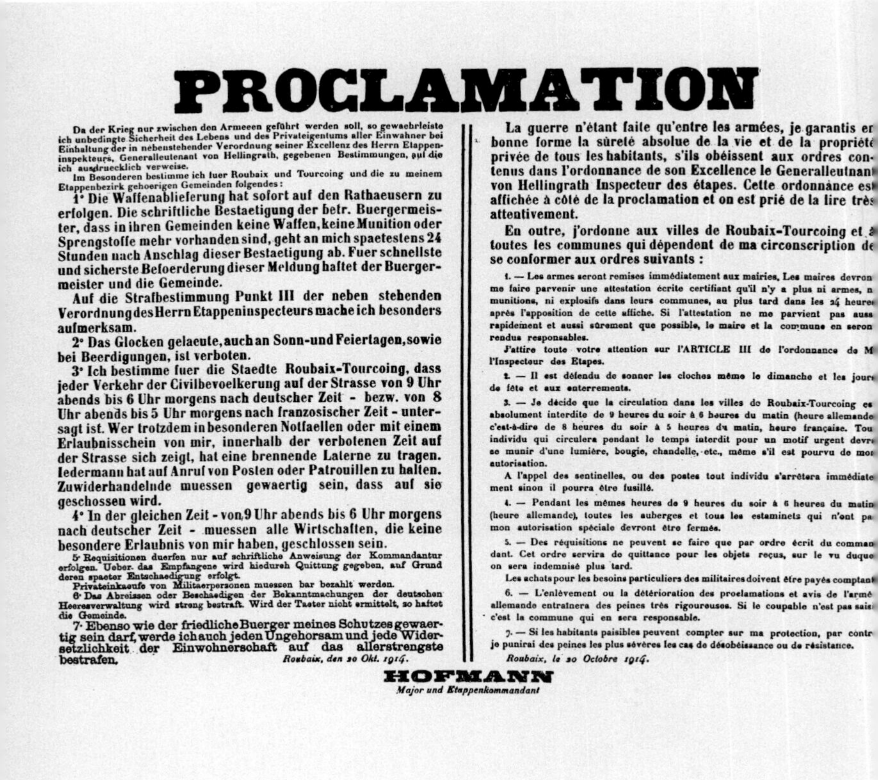

PROCLAMATION

Da der Krieg nur zwischen den Armeeen geführt werden soll, so gewaehrleiste ich unbedingte Sicherheit des Lebens und des Privateigentums aller Einwahner bei Einhaltung der in nebenstehender Verordnung seiner Excellenz des Herrn Etappeninspekteurs, Generalleutenant von Hellingrath, gegebenen Bestimmungen, auf die ich ausdruecklich verweise.

Im Besonderen bestimme ich fuer Roubaix und Tourcoing und die zu meinem Etappenbezirk gehoerigen Gemeinden folgendes:

1° Die Waffenablieferung hat sofort auf den Rathaeusern zu erfolgen. Die schriftliche Bestaetigung der betr. Buergermeister, dass in ihren Gemeinden keine Waffen, keine Munition oder Sprengstoffe mehr vorhanden sind, geht an mich spaetestens 24 Stunden nach Anschlag dieser Bestaetigung ab. Fuer schnellste und sicherste Befoerderung dieser Meldung haftet der Buergermeister und die Gemeinde.

Auf die Strafbestimmung Punkt III der neben stehenden Verordnung des Herrn Etappeninspecteurs mache ich besonders aufmerksam.

2° Das Glocken gelaeute, auch an Sonn- und Feiertagen, sowie bei Beerdigungen, ist verboten.

3° Ich bestimme fuer die Staedte Roubaix-Tourcoing, dass jeder Verkehr der Civilbevoelkerung auf der Strasse von 9 Uhr abends bis 6 Uhr morgens nach deutscher Zeit - bezw. von 8 Uhr abends bis 5 Uhr morgens nach franzosischer Zeit - untersagt ist. Wer trotzdem in besonderen Notfaellen oder mit einem Erlaubnisschein von mir, innerhalb der verbotenen Zeit auf der Strasse sich zeigt, hat eine brennende Laterne zu tragen. Iedermann hat auf Anruf von Posten oder Patrouillen zu halten. Zuwiderhandelnde muessen gewaertig sein, dass auf sie geschossen wird.

4° In der gleichen Zeit - von 9 Uhr abends bis 6 Uhr morgens nach deutscher Zeit - muessen alle Wirtschaften, die keine besondere Erlaubnis von mir haben, geschlossen sein.

5° Requisitionen duerfen nur auf schriftliche Anweisung der Kommandantur erfolgen. Ueber das Empfangene wird hiedurch Quittung gegeben, auf Grund deren spaeter Entschaedigung erfolgt.

Privateinkaeufe von Militaerpersonen muessen bar bezahlt werden.

6° Das Abreissen oder Beschaedigen der Bekanntmachungen der deutschen Heeresverwaltung wird streng bestraft. Wird der Taeter nicht ermittelt, so haftet die Gemeinde.

7° Ebenso wie der friedliche Buerger meines Schutzes gewaertig sein darf, werde ich auch jeden Ungehorsam und jede Widersetzlichkeit der Einwohnerschaft auf das allerstrengste bestrafen.

Roubaix, den 20 Okt. 1914.

La guerre n'étant faite qu'entre les armées, je garantis er bonne forme la sûreté absolue de la vie et de la propriété privée de tous les habitants, s'ils obéissent aux ordres contenus dans l'ordonnance de son Excellence le Generalleutnan von Hellingrath Inspecteur des étapes. Cette ordonnance es affichée à côté de la proclamation et on est prié de la lire très attentivement.

En outre, j'ordonne aux villes de Roubaix-Tourcoing et à toutes les communes qui dépendent de ma circonscription de se conformer aux ordres suivants :

1. — Les armes seront remises immédiatement aux mairies, Les maires devron me faire parvenir une attestation écrite certifiant qu'il n'y a plus ni armes, n munitions, ni explosifs dans leurs communes, au plus tard dans les 24 heure après l'apposition de cette affiche. Si l'attestation ne me parvient pas auss rapidement et aussi sûrement que possible, le maire et la commune en seron rendus responsables.

J'attire toute votre attention sur l'ARTICLE III de l'ordonnance de M l'Inspecteur des Etapes.

2. — Il est défendu de sonner les cloches même le dimanche et les jour de fête et aux enterrements.

3. — Je décide que la circulation dans les villes de Roubaix-Tourcoing es absolument interdite de 9 heures du soir à 6 heures du matin (heure allemande c'est-à-dire de 8 heures du soir à 5 heures du matin, heure française. Tou individu qui circulera pendant le temps interdit pour un motif urgent devr se munir d'une lumière, bougie, chandelle, etc., même s'il est pourvu de mon autorisation.

A l'appel des sentinelles, ou des postes tout individu s'arrêtera immédiatement sinon il pourra être fusillé.

4. — Pendant les mêmes heures de 9 heures du soir à 6 heures du matin (heure allemande), toutes les auberges et tous les estaminets qui n'ont pa mon autorisation spéciale devront être fermés.

5. — Des réquisitions ne peuvent se faire que par ordre écrit du commandant. Cet ordre servira de quittance pour les objets reçus, sur le vu duque on sera indemnisé plus tard.

Les achats pour les besoins particuliers des militaires doivent être payés comptant

6. — L'enlèvement ou la détérioration des proclamations et avis de l'armé allemande entraînera des peines très rigoureuses. Si le coupable n'est pas sais c'est la commune qui en sera responsable.

7. — Si les habitants paisibles peuvent compter sur ma protection, par contr je punirai des peines les plus sévères les cas de désobéissance ou de résistance.

Roubaix, le 20 Octobre 1914.

HOFMANN

Major und Etappenkommandant

Der Amtsstempel des deutschen Gouvernements Lüttich.

Deutsche Ordnung für Belgien

Während in Flandern noch gekämpft wird, fällt am 10. Oktober Antwerpen, am 11. Gent, am 14. Brügge, am 15. Ostende. Am 20. Oktober wird eine Proklamation mit strengen Vorschriften für die Belgier erlassen (linke Seite). Die Überwachung der Bevölkerung durch die Feldpolizei ist umfassend. Zur besseren Kontrolle erhalten die Belgier neue Ausweise mit Fingerabdrücken. Wer opponiert, wird als Zwangsarbeiter nach Deutschland geschickt – insgesamt nicht weniger als 60 000 Menschen. Unter ihnen ist auch der berühmte Historiker Henri Pirenne.

Der zweite Punkt, das Verbot von Glockengeläut, ist eine Maßnahme gegen katholische Geistliche: Sie werden der Spionage verdächtigt, da sie angeblich die Glocken als geheimes Signal für »Franktireurs« benutzten. Viele belgische Geistliche werden nach solchen Anschuldigungen hingerichtet.

Zum Schutz vor Überfällen werden auf dem Dach einer von den Deutschen besetzten Stadt in Belgien Maschinengewehre aufgestellt.

via Lüttich – Aachen
LADEGEWICHT
10000 KG.

»Die Germanisierung Belgiens«: Kaiser Wilhelm II., auf sein Schwert gestützt, den Reichsadler an der Seite, sitzt in einer ausgebrannten Ruinenlandschaft.

Haß und Wut der Belgier können sich wegen der Strenge der deutschen Besatzung nicht offen zeigen. Aber sie finden ihren Niederschlag in der Kunst, besonders kraß bei dem im neutralen Holland arbeitenden Louis Raemaekers. Hier das Bild »Der Leichenzug aus Belgien«.

Kampfszene im sumpfigen Dixmuiden. Die neue Heeresleitung unter Erich von Falkenhayn will nach der Niederlage an der Marne den Sieg erzwingen und setzt Unmengen von Material und vor allem »Menschenmaterial« für die neue Offensive in Flandern ein. Die Truppen sollen die feindlichen Fronten bei Ypern durchstoßen, zu den französischen Kanalhäfen vordringen und dort die Gegner von Norden umfassen und schlagen. Die Belgier wehren sich, öffnen die Schleusen von Nieuwpoort und überfluten weite Landstrecken.

Ypern und Langemarck

Während viele der einst Begeisterten ihre Illusionen im Feld verloren haben, fiebern an der »Heimatfront« weiterhin patriotische Jünglinge ihrem Kriegseinsatz entgegen.

Am 10. November erhalten neu aufgestellte Reservekorps mit unerfahrenen jungen Kriegsfreiwilligen den Befehl, beim Dorf Langemarck bei Ypern eine Hügelkette zu erstürmen und die erste feindliche Linie anzugreifen. Dort liegen erfahrene, gut geführte britische Söldnertruppen, die mit ihren Maschinengewehren von der Anhöhe herab auf die hilflos Anstürmenden zielen. 2000 junge Männer, vor allem Gymnasiasten und Studenten, werden allein am ersten Tag ohne Gegenwehr niedergemäht. Erst am 18. November wird die Offensive abgebrochen.

Der 17jährige Freiwillige Peter Kollwitz wird nach kurzer Ausbildung zum ersten Kampfeinsatz nach Flandern geschickt. Am 24. Oktober kommt seine erste Nachricht, so die Mutter: »Er schreibt, sie hören schon Kanonendonner.« Und: »Ich denke an Peter. Wo ist er? Friert er? Hungert er? Ist er in Gefahr?« Als sie dies schreibt, ist ihr Sohn bereits seit zwei Tagen tot. Erst am 30. Oktober kommt die Nachricht.

Todesmutig seien die Jungen in den Kampf gezogen, mit wehenden Fahnen und »Deutschland, Deutschland über alles« singend, heißt es in den Zeitungen. Einen Beweis für Fahnen wie Gesang gab es nie. Aber: Der Mythos Langemarck ist geboren, der Mythos der sich für das Vaterland begeistert opfernden deutschen Jugend.

Dahinter aber steht das Versagen derer, die das Leben Zigtausender junger Menschen bedenkenlos opferten und diese Jünglinge als Kanonenfutter mißbrauchten. Der Mythos von Langemarck ist vor allem ein geschicktes Manöver, mit dem von der Tatsache einer von der Führung verursachten mörderischen Niederlage abgelenkt werden soll. Später wird Langemarck zum Symbol für das vielbeschworene Ideal: »Der größte Sieg ist es, für das Vaterland zu sterben.« Oder: »Der einzelne ist nichts, das Volk ist alles.« Der deutsche Vormarsch ist nun blockiert. Die Soldaten graben sich hüben und drüben in Schützengräben ein. Es beginnt der Stellungskrieg auf der langen Westfront von der Kanalküste bis zur Schweizer Grenze.

Deutsche Kriegsfreiwillige.

Nun kommen wir Jungen!
Mit ehernen Zungen
Verkuenden wir Krieg.
Wir kennen das Hassen!
Aus unsern Massen
Wachse der Sieg.

Mit flatternden Fahnen,
Im Schatten der Ahnen.
So ziehen wir aus.
Lebt wohl, Kameraden!
Wir ziehen zu Taten.
Und ihr bleibt zu Haus?

Wir kaempfen mit Singen,
Mit froehlichem Klingen,
Die heilige Schlacht.
Wir fuerchten die Not nicht,
Wir scheuen den Tod nicht.
Feinde, habt Acht!

Denn wir sind die Harten,
Die Felsenerstarrten,
Ein jungstarkes Heer.
Wir kaempfen froehlich,
Wir sterben selig.
Heilige Wehr!

Stefan Heymann.

Eines von vielen Gedichten, die junge Männer in den Krieg treiben.

»Unsere jungen Regimenter bei den Kämpfen in Flandern.«
Angeblich schwingen die Jungen beim Angriff singend die Fahne.

Heldentod eines Vierzehnjährigen.
Als jüngster Soldat im ganzen deutschen Heere starb jetzt, wie wir der „Straßburger Post" entnehmen, auf dem Schlachtfeld in Nordfrankreich der Kriegsfreiwillige Peter Piry, der als Jüngling von 14 Jahren acht Monaten zu den Fahnen geeilt war. Der junge Held war der Sohn des Weichenstellers Piry in Saarbrücken.

Tannenberg

Berlin ist in Aufregung über die schlimmen Nachrichten aus Ostpreußen: Viele einflußreiche Familien stammen von dort, haben dort Wohnsitze und Ländereien. Der für den Rückzug verantwortliche General wird abgesetzt und in großer Eile durch den aus Posen stammenden, schon pensionierten General Paul von Hindenburg ersetzt. Erich Ludendorff, der sich bereits bei der Eroberung Lüttichs auszeichnete, wird dessen Generalstabchef. Die beiden lernen sich erst in Ostpreußen persönlich kennen und arbeiten vom ersten Moment an perfekt zusammen: Hindenburg als der ruhende Pol, der seinem genialischen Stabchef den Rücken stärkt und es versteht, Militärs wie Öffentlichkeit zu überzeugen.

Weit rascher als erwartet überschreiten die Russen die deutschen und k.u.k. Grenzen. Nach der unglücklich verlaufenen Schlacht bei Gumbinnen in Ostpreußen am 19./20. August zieht sich die deutsche 8. Armee zurück und räumt Ostpreußen bis zur Weichsel. Mit dem Ruf »Die Kosaken kommen« verlassen große Flüchtlingsscharen in Ostpreußen Haus und Hof Richtung Westen.

Die typische Darstellung des gefürchteten »Kosaken« als wilder, primitiver Mann mit der Schnapsflasche in der Hand. Tatsächlich hat die ostpreußische Bevölkerung unter der russischen Besatzung sehr zu leiden.

Nach Hindenburgs Motto »Erst umfassen, dann vernichten« gelingt es in nur fünf Tagen, die 2. russische Armee einzuschließen und zu schlagen. Die Schlacht bei Tannenberg geht als erste große gelungene Umfassungsschlacht der Neuzeit in die Geschichtsbücher ein. Hindenburg wird als »Sieger von Tannenberg« und »Retter Ostpreußens« zum gefeierten Helden.

Als sich die Russen in eine Verteidigungsstellung bei den Masurischen Seen zurückziehen, rückt Hindenburgs Armee dorthin vor und greift weiter an. Tausende Russen fallen. Viele ertrinken in den Masurischen Seen, während die deutschen Verluste gering sind. Eine Freundin erzählt Käthe Kollwitz »von Verrücktgewordenen, als man die 10 000 Russen in die masurischen Seen trieb. Das scheint bis jetzt das Furchtbarste gewesen zu sein.« In den beiden Schlachten werden zusammen mehr als 130 000 russische Gefangene gemacht.

Eine Apotheose Hindenburgs als Retter Ostpreußens, von deutschen wie k. u. k. Soldaten umjubelt, gleich groß wie die ihn flankierenden Monarchen. Ihm zu Füßen der noch nicht tote, aber heftig aus mehreren Wunden blutende russische Bär.

Paul von Beneckendorff und von Hindenburg (1847–1934) nahm bereits am Deutsch-Französischen Krieg teil, wurde 1903 kommandierender General und ging 1911 in Pension. Im August 1914 wird er reaktiviert und Oberbefehlshaber der 8. Armee an der Ostfront.

Erich Ludendorff (1865–1937) machte trotz seiner bürgerlichen Herkunft eine große Karriere in der deutschen Armee. Hier mit seiner Devise: »Ohne Opfer kein Sieg! Ohne Sieg kein Friede!«

Manès Sperber erlebt als Zehnjähriger den Kriegsausbruch in einem galizischen Stetl, als plötzlich mit lautem Trompetenblasen die Mobilisierung verkündet wird. Das Kind ist glücklich: »Der Kaiser wird siegen, der Zar wird so geschlagen werden, daß er es niemals wagen wird, irgendeinen seiner Untertanen zu unterdrücken.« Und: »In ein paar Wochen ist alles zu Ende, und ich komme als Zugsführer, vielleicht sogar als Feldwebel zurück. In der Schlacht fragt niemand nach dem Vater« – und damit nicht nach der jüdischen Abstammung. Und: »Der Sieg der Doppelmonarchie, hoffte man zuversichtlich, würde in Rußland ein demokratisches, gerechtes Regime und damit die Emanzipation der Juden herbeiführen.« Aber: »Hoffnungsvolle Erwartung wechselte immer wieder blitzschnell mit Angst vor einer russischen Invasion ab.«

Juden in Galizien

Die Juden aus Galizien und der Bukowina sind kaisertreu und begrüßen im August 1914 den Krieg gegen Rußland. Denn sie fühlen sich durch die im benachbarten Russisch-Polen praktizierten Judenverfolgungen ständig bedroht.

Aber gegen alle Erwartungen gibt es keinen schnellen Sieg, im Gegenteil: Nach Anfangserfolgen der Österreicher brechen die Russen in weite Teile Galiziens ein. Schnitzler am 31. August: »Die Riesenschlacht in Galizien. Man spricht, man denkt nichts andres.« In Todesangst fliehen viele galizische Juden vor allem nach Wien, wo sie Verwandte und Freunde haben. Im September muß Lemberg geräumt werden. Die militärisch überlegenen Russen rücken weiter vor.

Wiener Karikatur: Ein russischer General befiehlt die Hinrichtung galizischer Juden, die sich weigern, ihr Vaterland Österreich zu verraten.

Aufruf!

An die deutschen Juden!

In schicksalsernster Stunde ruft das Vaterland seine Söhne unter die Fahnen.

Daß jeder deutsche Jude zu den Opfern an Gut und Blut bereit ist, die die Pflicht erheischt, ist selbstverständlich.

Glaubensgenossen! Wir rufen Euch auf, **über das Maß der Pflicht hinaus** Eure Kräfte dem Vaterlande zu widmen! Eilet freiwillig zu den Fahnen! Ihr alle — Männer und Frauen — stellet Euch durch persönliche Hilfeleistung jeder Art und durch Hergabe von Geld und Gut in den Dienst des Vaterlandes!

Berlin, den 1. August 1914.

Verband der Deutschen Juden.

Centralverein deutscher Staatsbürger jüdischen Glaubens.

Auch die deutschen Juden reagieren auf den Kriegsausbruch mit Patriotismus.

Die in Galizien verbliebenen Juden leiden unter Verfolgung und der Anschuldigung, Spione und Verräter zu sein. Schnitzler am 5. Januar 1915: »Mimi erzählt galizische Nachrichten. Die Russen schlagen so viel Juden tot als möglich.« Und am 16. März: »Russische Mordbefehle gegen die Juden in Galizien wegen ihres österreichischen Patriotismus. Wird mans ihnen hier danken?«

Die Folge der jüdischen Massenflucht nach Wien ist ein massives Ansteigen des dort ohnehin schon starken Antisemitismus, wie auch Schnitzler bestätigt: »Der Antisemitismus hier, durch die galizischen Flüchtlinge gesteigert. Kläglich freches Benehmen gewisser höherer behördlicher Factoren.« Und: »Nachmittags der Schuster Schwarz, sein Jammern; Einblick in das Elend der Kleingewerbetreibenden. Ferner der Flüchtlinge. Die orthodoxen Juden, die an ihrem Gott verzweifeln.« (18.12.1914 und 2.10.1915)

Galizische Juden auf der Flucht. Ihr wichtigstes Ziel sind Verwandte in Wien.

Mit dem populären Lied »Prinz Eugen der edle Ritter« (er eroberte einst Belgrad) ziehen die k. u. k. Truppen Mitte August gegen Serbien. Aber die Serben, in zwei Balkankriegen praktisch geübt und voll nationalem Feuer, überdies kräftig von den Russen unterstützt, liefern den Österreichern harte Kämpfe.

Serbien unbesiegt

Die k.u.k. Regierung und die Presse können zwar den peinlichen Rückschlag in Serbien beschönigen, aber nicht verheimlichen. Nach all dem Siegesjubel über den Fall Belgrads ist diese Niederlage (s. S. 90 u.) für Soldaten wie Zivilisten ein großer Schock. Der 25jährige Walther Hamann schreibt am 16. Dezember an die Eltern, daß »die letzten offiziellen Nachrichten eine recht ›dreckige‹ Stimmung verursachten«. Den »Urgrund der großen Veränderungen« könne er nur mündlich erklären, jedenfalls: »die Soldaten und ihre Führer im Gefecht, Reserve wie Landsturm, sind ganz ausgezeichnet, aber ...« Wegen der scharfen Zensur deutet er seine Kritik nur an. Doch es ist ohnehin klar, daß es vor allem um die allzu starke Präsenz unfähiger Erzherzöge als Heerführer geht.

Auch Schnitzler schreibt am 18. Dezember »Über das Debacle in Serbien«: »Man macht bei uns aus einem Krieg eine höfische

Sogar die Beschießung Belgrads mit den 30,5er-Mörsern von Škoda bringt lange Zeit keinen Erfolg.

Mitbürger!

Soeben ist die Nachricht eingetroffen, daß unsere Truppen siegreich in Belgrad eingezogen sind.

Die Hauptstadt des feindlichen Serbien ist in unseren Händen!

Ich fordere meine Mitbürger auf, zur Ehre des obersten Kriegsherrn, unseres geliebten Monarchen, der heute das 66. Jahr seiner glorreichen Regierung vollendet hat, und zur Ehre unseres heldenmütigen Heeres die Häuser

festlich zu beflaggen.

Es lebe unser Kaiser!

Es lebe unsere Armee!

Wien, am 2. Dezember 1914.

Der Bürgermeister:

Dr. Richard Weiskirchner.

Erst am 2. Dezember wird Belgrad besetzt. Das Plakat, das der Wiener Bürgermeister im Siegesrausch drucken läßt, ist kaum verteilt, als die Serben in einer Gegenoffensive die Österreicher wieder aus Belgrad vertreiben und hinter die Save zurückdrängen. Die Nachrichten über dieses verlustreiche Debakel gehen zunächst in den Siegesmeldungen unter.

Angelegenheit.« Und am 24. Dezember über den Schriftsteller Franz Molnár, der nach einem Interview mit dem k. u. k. Oberbefehlshaber Erzherzog Friedrich erzählt: »Hätt ich das ganze Gespräch mitgeteilt (resp. mittheilen dürfen), so wäre übermorgen der Krieg aus.« Erzherzog Friedrich habe gesagt: »Einen großen Sieg werden wir nicht haben.« Und: »In S[erbien] war eine Katastrophe – aber beruhigen Sie nur – schreiben Sie, die nötigen Maßnahmen sind getroffen.«

Bei Mitrowitz nehmen die k. u. k. Truppen die gerade die Save überschreitenden Serben unter Feuer. Unter der Last der Zurückflüchtenden bricht die Brücke zusammen. Tausende Serben ertrinken. In Österreich kursiert ein Gedicht an die Serben: »Die Save war stets Euer bester Freund, / Ihr wütenden Vaterlandshasser, / Drum haben wir gut es mit Euch gemeint / Und schickten Euch einfach ins Wasser.«

Liebesgaben und Feldpost

Hunderttausende Soldaten verbringen dieses Weihnachten fern von ihren Familien. Feldpost und »Liebesgaben« sind die einzig verbliebene Verbindung. Die Stimmung ist auf beiden Seiten trübe, die Euphorie der Augusttage dahin. Wie lang dieser Krieg noch dauern wird, ist die bange Frage, die in vielen Briefen immer wieder in Variationen erörtert wird. Der Mathematiklehrer und nunmehrige Leutnant Franz Jungbauer, der auch an einen kurzen Krieg geglaubt hat, schreibt an seinen Schuldirektor Anton Stangl verzagt, »daß alles zusammenkommt, um das Schuljahr zu einem verpatzten zu machen und darunter Herr Direktor am meisten zu leiden haben ... Wie gut haben es doch die Herren, die nicht in der ›Feldgrauen‹ stecken. Die wohl durchwärmten prächtigen Räume, die vielfachen Bequemlichkeiten in der Schule und zuhause treten oft wie ein schönes Traumbild vor die Seele. Erst, wenn man alles entbehren muß, erkennt man dessen Wert. Nun habe ich mich schon an alles gewöhnt, Hitze, Kälte, Hunger, Durst, Nachtwachen und vieles andere.« Und: »Mir schwant, daß ich dieses Schuljahr kaum mehr kommen werde, wenn mir überhaupt das Glück einer gesunden Rückkehr teilhaftig werden soll.«

Da der Krieg nun nicht wie erwartet »bis Weihnachten« siegreich beendet ist, zeigt sich, daß für den Winter kaum Vorsorge getroffen ist. Frauen und Mädchen werden aufgerufen, Strümpfe, Schals, Mützen und Ohren-, Knie- und Nierenwärmer für die Soldaten im Feld zu stricken.

Auch mancher Aristokrat läßt es sich nicht nehmen, die Soldaten persönlich mit Liebesgaben aus der Heimat zu beschenken, wie Walther Hamann aus Galizien schreibt: »Heute war ein Festtag für die Kompagnie. Graf Wilczek ist in einem vom alten Grafen Colloredo-Mansfeld geführten Zug des Roten Kreuzes hier eingetroffen und hat uns von den Wienern für die Wiener hundert Geschenkpakete mitgebracht: Tabakpfeifen, Feuerzeuge, Chokolade, Tabak usw.« Ein großes Paket hat die Aufschrift: »Von einer Wiener Mädchenschule an unsere

braven Soldaten«. Hamann hilft beim Verteilen an die Mannschaft: »Diese braven haben wirklich große, aufrichtige Freude.«

Angst vor dem Tod und Sehnsucht nach Hause beherrscht die Feldpostbriefe der Soldaten. Der 24jährige Freiburger Student Eduard Schmieder berichtet über einen Traum, »der mich lebhaft beschäftigt und mich mit abergläubischer Furcht erfüllen will«. Es sei Krieg gewesen. »Ich lag in einem Schloß auf Vorposten. Ich kam in ein Zimmer, und wie ich eintrete, eilt mir ein schönes, verlockendes Weib entgegen. Ich will sie küssen, und da ich mich ihr nähern will, grinst mich ein Totenschädel an. Einen Augenblick bin ich erstarrt vor Schreck, dann aber küsse ich ihn, küsse ihn so heftig und heiß, daß mir ein Stück seines Unterkiefers zwischen den Lippen bleibt. Im selben Augenblick verwandelt sich der Tod in meine Anna – und dann muß ich aufgewacht sein. Das ist der Traum vom Tod, den ich geküßt habe.« (KbSt 17.12.1914) Schmieder fiel am 18. April 1916 vor Verdun.

Der Heidelberger Student Alfred E. Vaeth schreibt: »Wie es steht? Wir wissen es nicht. Ob wir siegen, wir wissen es nicht. Wir wissen nur so viel, daß uns der Sieg nötig ist, und daß wir eben trotz aller unserer Kriegsmüdigkeit unsere Pflicht weiter tun werden. Geschlagen werden wir wohl nicht, aber wir können verbluten.« (KbSt 4.11.1914)

Geschäftemacher nutzen die allgemeine Angst und preisen seltsame Erfindungen an, die vor dem Schlachtentod bewahren sollen.

Ausgabe von Liebesgaben

Ersehnte Botschaft
Selig ist mein Herz beglückt
Durch des Liebsten Grüße,
Habe auf den Brief gedrückt
Viele tausend Küsse!
6183/84

Im Brausen der Schlacht
Geliebte mein
Denk ich in treuester
Liebe Dein!

Erste Kriegsweihnacht und Jahreswechsel

Der 21jährige Jura-Student Ludwig Finke aus Münster beschreibt die Weihnachtsfeiertage im Schützengraben bei Roulers an der Westfront: »Ich wurde am 23. zum Essenholen geschickt. Wie ich wiederkam, hatte ein Volltreffer meine Deckung zerschlagen. Mein Sitzkamerad Henn, bis an die Hüfte im Regenwasser, war tot; der Schädel durch, und ein Splitter im Rücken. Er saß noch wie eine Viertelstunde vorher, als ich ihn verließ, das Gewehr im Arm. Mein lieber Nachbar, Freund F..., hatte zwei schwere Verletzungen. Im ganzen an Toten 8 und Verwundeten 37 Mann (von 85) verloren! ...

Den ganzen 24. lagen wir in Deckung. Wir rauchten andauernd und zählten die Schüsse... Als ich die Meldung vom Tode unseres Kompagniechefs über die Strecke, auf der alles tot und verwundet war, weiterbeförderte, erhielt ich einen leichten Splitter auf den Helm. Mein Gewehr ist zertrümmert. Ich holte das Gewehr eines toten Kameraden.

Dann kam die sternklare, heilige Nacht. Das Schreien der Verwundeten, das Pfeifen der Gewehrkugeln, das Platzen der Granaten – eine furchtbare Weihnachtsmusik. Endlich, um 2 Uhr, kam die Ablösung... Wir trabten über die gefrorene Wiese... Wir sammelten ein paar Mann, und ich führte sie als einziger Wegkundiger aus dem Gefechtsfeld.

Mit welchem Wonnegefühl ich am Weihnachtsmorgen nach stark siebenstündigem Marsch in die diamantglitzernde Winterlandschaft mit der goldroten Sonne schaute, beschreibe ich nicht. Das Leben ist doch herrlich schön. Und Weihnachtserinnerungen! Ich habe Feierstunden gehabt seit dem entsetzlichen Christabend. Wir feiern konzentriert. O du fröhliche, o du selige! Und es schneit draußen! Jetzt wird Grog geholt und auf Dein Wohl getrunken – morgen geht's wieder vor.« Finke fiel am 9. Mai 1915 vor Nieuwpoort in Flandern.

Englische Zeitungen bringen zu Jahresende Bilder von Verbrüderungen englischer und deutscher Soldaten an der Westfront. Deutsche Zeitungen dementieren oder schwächen ab, sehr selten wird eines der Bilder nachgedruckt. Aber die Nachricht stimmt. Der 25jährige Philosophiestudent Karl Aldag schreibt nach Hause: »Ganz eigenartig war Silvester hier. Es kam ein englischer Offizier mit weißer Fahne herüber und bat um Waffenruhe von 1 bis 3 Uhr zur Beerdigung der Toten… Sie wurde gewährt. Es ist schön, wenn man nicht mehr die Leichen vor sich liegen sieht. Die Waffenruhe aber wurde ausgedehnt. Die Engländer kamen aus ihrem Graben heraus in die Mitte, tauschten Zigaretten und Fleischkonserven, auch Photographien aus mit Unsern, sagten, sie wollten nicht mehr schießen. So herrscht vollständige Ruhe, die einem seltsam vorkommt. Wir und sie gehen und stehen auf der Deckung, über dem Graben. –

Es konnte nicht so weitergehen, und so schickten wir hinüber, sie möchten in den Graben gehen, wir würden schießen. Da antwortete der Offizier, es täte ihnen leid, ihre Leute gehorchten nicht. Sie hatten keine Lust mehr. Die Soldaten sagen, sie könnten nicht mehr im nassen Graben liegen, Frankreich wäre kaputt. Sie sind auch wirklich viel schmutziger als wir, haben mehr Wasser im Graben als wir und viele Kranke. Es sind ja Söldner, sie streiken einfach. Wir schossen natürlich nicht, denn auch unser Laufgraben ... ist stets voll Wasser, und es ist gut, daß wir über die Deckung gehen konnten ohne Lebensgefahr. Ob das ganze englische Heer streikt und den Herren in London einen Strich durch die Rechnung macht? Unsere Leutnants gingen hinüber und schrieben sich in ein Album der englischen Offiziere ein ...

Silvester riefen wir uns die Zeit zu und verabredeten, um 12 Uhr

Salven zu schießen. Der Abend war kalt. Wir sangen Lieder, sie klatschten Beifall (wir liegen 60 bis 70 Meter gegenüber), wir spielten Mundharmonika, dazu sangen sie, und wir klatschten. Dann fragte ich, ob sie nicht auch Musikinstrumente da hätten, und dann kriegten sie einen Dudelsack vor (es ist die schottische Garde mit den kurzen Röcken und nackten Beinen), sie spielten ihre schönen elegischen schottischen Lieder darauf, sangen auch. Um 12 Uhr knatterten dann Salven von beiden Seiten in die Luft! Dazu ein paar Schüsse unserer Artillerie…, die sonst so gefährlichen Leuchtkugeln prasselten auf wie ein Feuerwerk, mit Fackeln wurde geschwenkt und Hurra geschrien. Wir hatten uns einen Grog gebraut und tranken den mit einem Hoch auf Kaiser Wilhelm und auf das neue Jahr. Es war rechter Silvester, wie im Frieden.« Der Briefschreiber war zwei Wochen später tot. (KbSt)

Verspieltes Ansehen

In wenigen Kriegsmonaten haben die Deutschen ihr Ansehen als Kulturnation verspielt. Wie groß der Haß ist, zeigt die Grabrede, die der Schuldirektor Louis Roy in der Gemeinde La Croix-de-Bléré in der Touraine auf seinen gefallenen Schüler Maurice Paillanche hält: »Meine Freunde, weint um ihn, ... aber weint um ihn voller Stolz ... Ehren wir alle diese Helden, die aufgestanden sind gegen die unerbittliche Aggression, für die hohen Rechte der Menschheit, der Kultur [civilisation], der Freiheit und der Gerechtigkeit!

Denn es ist auch jetzt wieder die menschliche Bestie, es sind die Hunnen vergangener Zeiten, die ihre Waffen gewechselt haben, nicht aber ihre Gewissen; ja, es sind wieder die Vandalen, die nach fünf-

Traum und Realität des bisherigen Kriegsverlaufs aus der Sicht der Gegner: Kaiser Wilhelm als Sonnenkönig und erträumter Weltenherrscher mit buckelnden ohnmächtigen Nationen unter sich. Die Realität dagegen: eine Erde, auf der die Mächte Rußland, England, Frankreich und sogar das kleine Belgien sicher stehen – und auf den geschrumpften deutschen Kaiser herabsehen.

No. 52.
XXIX. Jahrg.

21. KRIEGS-NUMMER

Preis:
30 Pfg.

LUSTIGE BLÄTTER

Zu neuen Taten.

Wir blasen an alten Jahres Bahre,
Das sieg- und ruhmreich von uns schied.
Und blasen dem künft'gen jungen Jahre
Ein hoffnungsfrohes Willkommenlied!

Mit dieser militärischen Führung gehen die Mittelmächte ins neue Jahr: Von links der k. u. k. Generalstabchef Conrad von Hötzendorf, der k. u. k Thronfolger Erzherzog Karl neben seinem deutschen Kollegen Kronprinz Wilhelm, Kaiser Franz Joseph, Erzherzog Friedrich, Feldmarschall und nomineller Oberbefehlshaber der k. u. k. Truppen, Hindenburg, seit November Oberbefehlshaber Ost, und Kaiser Wilhelm. Arthur Schnitzler: »Für mich wird immer mehr zum grauenhaftesten dieses Krieges: daß die Geschicke der Welt von einigen wenigen, fast ohne eigne Gefahr, und beinah durchwegs ohne (mindestes) Verantwortungsgefühl gemacht werden.« (8. 5. 1915)

zehn Jahrhunderten des Fortschritts dieselben geblieben sind, sie sind es, gegen die Frankreich das Schwert gezogen hat.

Wieder stoßen Kultur und Barbarei aufeinander... Dieses Erbe, diese Güte und Schönheit, all dieser Glanz, der durch alle Zeiten hindurch das Leben der Welt bereichert hat, dies alles ist das Angriffsziel der Wut der Barbaren. Dies alles muß er zerbrechen, zermalmen, zerstören, plündern und in den Schmutz ziehen mit unbegreiflichem haßerfüllten Sadismus, der bis in unsere Zeit hinein die Vergangenheit zunichte machen will – der Reims bombardiert, als ob er mit den Steinen den Strahl der ewigen Kunst und den ewigen Glanz der Geschichte, den letzten Widerschein des französischen Genius ersticken könnte, der das Universum erleuchtet. Aber der Barbar täuscht sich, Frankreich stirbt nicht – man kann Frankreich nicht töten wie ein kleines Kind! Inmitten des gewalttätigen Getöses, das das ganze europäische Gebäude in seine Grundfesten zu erschüttern scheint, wird Frankreich leben...«

(25.10.1914)

Nach Gefechten, wie hier, müssen die Überlebenden nachts zuerst die Verwundeten, dann möglichst auch die Gefallenen bergen und die zerstörten Gräben und Drahtverhaue reparieren.

Im Schützengraben

Im Stellungskrieg graben sich die Soldaten immer tiefer in die Erde ein und schützen sich mit Stacheldrahtverhauen gegen feindliche Angriffe.

Wie die Gräben nach einem Angriff aussehen, schildert der 23jährige Theologiestudent August Hopp: »Und dann zwängten wir uns ... einer hinter dem anderen durch den Schützengraben, auf dessen Sohle Ströme von Blut stagnierten, in dem Leichen Deutscher und Franzosen in wüstem Durcheinander fast alle paar Schritte den Weg versperrten, so daß man über die angehäuften Leichen hinwegklettern mußte und dabei mit den kalten Händen und Gesichtern und den furchtbaren, blutigen Wunden in Berührung kam. Schlamm und Blut mischten sich an den Stiefeln, Kleidern und Händen; aufrecht gehen konnte man, durfte man nicht. Denn unten in der Schlacht auf 30 Meter Entfernung laufen französische Schützengräben; sowie sich eine Helmspitze über der Brustwehr zeigte, pfiff es beng, beng über die Köpfe hinweg.« Und: »Es war früh 9 Uhr, der sogenannte Graben war angefüllt mit Toten und allen möglichen Ausrüstungsgegenständen; man stand und saß auf den Toten, als wenn's Steine oder Holzklötze wären! Ob dem einen der Kopf zerstochen oder abgerissen, dem dritten aus dem zerschlissenen Rock die blutigen Knochen herausragten – es kümmerte einen nicht mehr.« 17 Tage, nachdem der Student dies geschrieben hatte, war er tot. (KbSt 1.3.1915)

Der 23jährige Student Hugo Müller schreibt: »Noch heute aber hängen Fetzen von Menschenleibern in den Drahtverhauen. Vor unserem Graben lag bis vor kurzem eine Menschenhand mit Fingerring, ein paar Meter davon ein Unterarm, von dem zuletzt nur noch der Knochen übrig war. So gut mundet den Ratten das Menschenfleisch. Scheußlich – wer das Gruseln nicht kennt, lernt es hier.« (KbSt 17.10.1915)

Frisch gebauter deutscher Schützengraben, eingesprengt in die Kreidefelsen der Champagne im Frühjahr 1915. Die Laufgräben bieten den Soldaten die Möglichkeit, vom Gegner ungesehen von einem Ort zum andern zu kommen.

Kampf aus dem Graben: Ein Toter, ein Sterbender, der von einem Geistlichen getröstet wird, was freilich in der Realität höchst selten vorkam, und Chaos ringsum.

XXIV. Jahrgang. Erscheint jeden Sonntag. Wien Sonntag, 14. März 1915. Heft 24.

Vom westlichen Kriegsschauplatze.

Inneres eines Unterstandes deutscher Soldaten. Dieselben verzehren di selbstbereiteten Kartoffelpuffer.

Zahlreich sind die Bilder von der angeblichen Gemütlichkeit im Unterstand. Tatsächlich gibt es oft lange Phasen der Waffenruhe, in denen sich Langeweile breitmacht. Der Forststudent Willi Hölscher bittet seine Eltern: »Seid doch so gut und schickt mir Blumensamen! Vorn um meine Deckung herum sieht es wenig hübsch aus, und wer weiß, wie lange ich da noch drin sitze – darum will ich Blumen dahinpflanzen. Also bitte Samen von Wicken, Winden, Sonnenblumen, Flachs, Reseda usw. Ich will mir die häßliche Erde da ordentlich grün anpflanzen.« (KbSt 20.2.1916)

Karpatenschlachten

Während zu Beginn des Jahres im Westen französische Offensiven in der Champagne und in Flandern abgewehrt werden, ist die Lage an der Ostfront so gefährlich, daß sich manche Österreicher wie Walther Hamann nur mit der Hoffnung auf eine baldige Revolution in Rußland trösten. Aber die »russische Dampfwalze«, die bereits weit in Galizien steht, bedroht nun auch Ungarn und steht im Karpatengebirge, das sie zu überschreiten im Begriff ist. Außerdem belagern die Russen die riesige k. u. k. Festung Przemyśl, wo 130 000 Soldaten und 30 000 Zivilisten eingeschlossen und vom Hungertod bedroht sind.

Die Deutschen kommen den k. u. k. Truppen zu Hilfe, und der deutsche General Alexander von Linsingen übernimmt zum Ärger des k. u. k. Generalstabschefs Conrad von Hötzendorf die Führung. Am 23. Januar beginnt die gemeinsame Offensive – und kommt bald zum Stehen. Vor allem die k. u. k. Truppen sind für eine Winterschlacht schlecht ausgerüstet. Die Gegend ist einsam und bietet keinerlei Unterkünfte. Der Nachschub fällt oft aus. Viele Soldaten erfrieren oder begehen in Wind und Eis vor Erschöpfung Selbstmord. Die seit Monaten eingeschlossene Festung Przemyśl muß kapitulieren. Die Österreicher haben riesige Verluste. Manche Regimenter sind gänzlich aufgerieben. Hamann begegnet Überlebenden: Sie sehen »erbarmenswürdig aus. Mit dicker Lehmkruste bedeckt, vernachlässigt in jeder Beziehung.« (18. 3. 1915) Und Schnitzler notiert am 22. März 1915: »Die Karpathenschlacht. Entsetzen rings in der Welt.«

Insgesamt verliert die k. u. k. Armee in den Karpatenschlachten von Januar bis Ende April 1915 rund 800 000 Mann (Tote, Verwundete, Vermißte, Gefangene). Von dieser Katastrophe wird sie sich nie mehr erholen.

Wegen des hohen Schnees müssen die Wagen auf Kufen gestellt werden, vor allem auch die Artillerie.

Nr. 11. Erscheint Jeden Donnerstag. Wien, 18. März 1915. Abonnements durch jede Buchhandlung und Postanstalt. XXXIV. Jahrg.

Der Winterkrieg in den Karpathen.

Unsere Truppen auf dem Marsche und in den Schützengräben in den Karpathen, wo die ungünstigen Witterungsverhältnisse und das schwierige Terrain ungeheure, bisher unerhörte Anforderungen an die Leistungsfähigkeit und Ausdauer unserer Soldaten stellen.
Nach einer photographischen Aufnahme unseres Kriegskorrespondenten.

Deutsche Erfolge in Frankreich und Rußland. — Die Türkei im Weltkriege. — Ferdinand Burg †.

Die Österreicher werden hier als überlegene Sieger im Gefecht gegen die Russen dargestellt – was dem unglücklichen Kriegsverlauf nicht entsprach.

An die deutschen Soldaten !

Es ist nicht war

dass wir, Franzosen, die deutschen Gefangenen erschiessen oder misshandeln.

IM CEGENTEIL,

unsere Kriegsgefangenen werden gut behandelt, und bekommen gut zu essen und zu trinken.

Diejenigen von euch, die dieses erbärmlichen Lebens überdrüssig sind, können sich ohne Angst den französischen Vorposten unbewaffnet melden.

Sie werden dort gut empfangen werden.

Nach dem Krieg, darf jeder weider nach Hause.

An die DEUTSCHEN und POLNISCHEN Soldaten

Das Russiche Heer hat soeben einen grossen Sieg davongetragen. Es ist in Ostpreussen eingedrungen und Schlesien wird bedroht.

Die Russen marchieren auf THORN und KRAKAU die Oesterreicher fliehen mutlos nach den hohen, mit Schnee bedeckten Karpathen.

DEUTSCHE SOLDATEN,

eure Verluste sind ungeheuer und eure Anstrengungen nutzlos.

POLNISCHE SOLDATEN,

der Zar wird das gegebene Wort halten. Er wird POLEN in seiner Einheit wiederherstellen. Kämpft nicht länger gegen die mit den Russen verbündeten Franzosen, die euch befreien und als Brüder betrachten.

Alle, welche die Waffen niederlegen, werden von den Franzosen in Städten mit einem milden Klimat gut behandelt und reichlich gepflegt.

Angesichts der prekären Lage des Gegners werben Franzosen wie Russen mit Flugblättern und rufen zum Überlaufen auf. Tatsächlich folgen viele k. u. k. Slawen dem Aufruf, vor allem Tschechen. So geht im April 1915 eines der ältesten k. u. k. Regimenter, das Prager 28. Infanterieregiment, an der Karpatenfront fast geschlossen zu den Russen über.

Zum ersten Mal werden in der k.u.k. Armee Soldaten auf Skiern in »Schneeschuhdetachements« eingesetzt. Trainiert werden sie von zivilen Skilehrern; darunter ist auch die bekannte Skiläuferin Annie Beyer, die für ihre Arbeit die große silberne Tapferkeitsmedaille erhält.

Bündnispartner Türkei

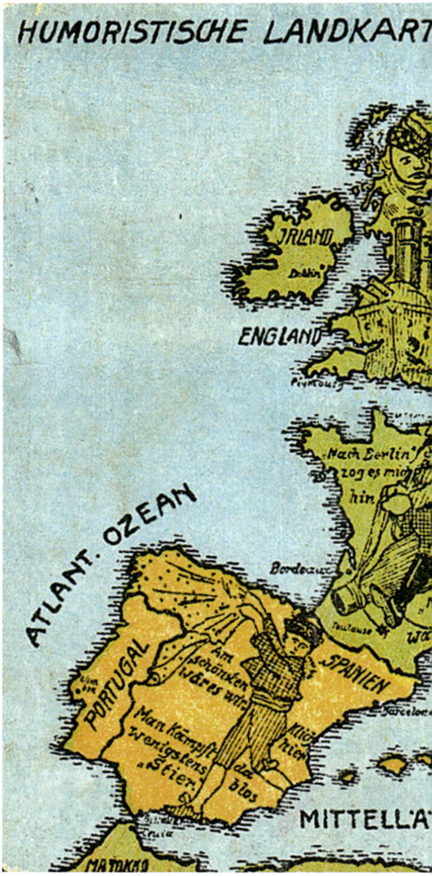

Bereits seit 1913 wird die rückständige türkische Armee von deutschen Offizieren unter Otto Liman von Sanders reorganisiert und faktisch auch kommandiert. Die Türkei gilt demnach als natürlicher, wenn auch nicht unumstrittener Bündnispartner des Deutschen Reiches. Aber erst im November 1914 tritt sie an der Seite der Mittelmächte in den Krieg ein. Mit ausschlaggebend dabei war Kaiser Wilhelms Meinung, daß die im Islam bedeutende Stellung des Sultans die unter russischer und britischer Herrschaft stehenden Moslems zu sich ziehen und damit die Lage der Russen und Briten schwächen könnte.

Das Deutsche Reich verbündet sich also – nach Österreich-Ungarn – mit einem weiteren großen Vielvölkerstaat, der durch innere nationale Konflikte zunehmend an Stabilität verliert und zudem durch die verlustreichen Balkankriege erschöpft ist. Die türkische Armee besteht zwar offiziell aus vier Millionen Soldaten. Aber diese sind schlecht bis gar nicht ausgerüstet und ausgebildet und meist nicht einsatzfähig. Das Deutsche Reich muß mit Spezialtruppen helfen, überdies Ausrüstung und Waffen schicken.

Die Türkei hat bei Kriegseintritt keinerlei Landverbindung mit den Bündnispartnern, was gemeinsame Operationen erschwert. Um so wichtiger sind die drei neutralen (hier gelb getönten) Länder Rumänien, Bulgarien und Griechenland, die von beiden Kriegslagern eifrig umworben werden, und das immer noch unbesiegte (hier grün getönte) Serbien.

Vor allem bringt die Türkei eine Fülle neuer internationaler Konflikte in den Krieg ein: neben den Balkanwirren die gesperrte Durchfahrt durch die Dardanellen, Mesopotamien mit den vielbegehrten reichen Erdölvorkommen, aber auch Palästina, Ägypten, den Suezkanal, wo die Engländer sehr aktiv sind. Die Russen haben es vor allem auf den Kaukasus, Armenien und Persien abgesehen. Aber all diese Probleme werden für kleiner gehalten als die Alternative, daß die Türkei sich mit der Entente, vor allem mit Rußland, verbünden könnte.

Nr. 10. Erscheint Jeden Donnerstag. Wien, 11. März 1915. Abonnements durch jede Buchhandlung und Postanstalt. XXXIV. Jahrg.

Der Weltkrieg in Jerusalem.

Bei enormem Zulauf der in den Straßen und auf den Dächern postierten Bevölkerung verlassen die türkischen Militär-Karawanen durch die Jaffastraße die Stadt Jerusalem, um den Marsch zum Suezkanal anzutreten.

Nach einer photographischen Aufnahme.

Die Verbündeten – Wilhelm II., Sultan Mehmed V. und Franz Joseph mit dessen Motto: »Viribus Unitis« (Mit vereinten Kräften).

Ausrufung des Heiligen Krieges in den osmanischen Ländern, die bis Mesopotamien und Palästina reichen. Die Hoffnungen freilich, daß sich dem »heiligen Krieg« auch die unter britischer und russischer Herrschaft stehenden Moslems anschließen würden, erfüllten sich nicht.

Das Deutsche Reich legt im September 1914 die erste fünfprozentige Kriegsanleihe auf, erzielt aber mit knapp 4,5 Milliarden Mark weniger als erhofft – wenn auch der Kriegsbilderbogen mit Reichsbank-Präsident Rudolf Havenstein es anders suggeriert.

Kriegsanleihen

Die meisten kriegführenden Staaten finanzieren den Krieg anfangs nicht durch Steuern, sondern durch Anleihen, die nach dem Sieg mit Reparationen der Besiegten zurückgezahlt werden sollen.

Im Deutschen Reich werden insgesamt neun Anleihen vergeben, in Österreich-Ungarn acht. Der Zinssatz ist mit fünf Prozent sehr hoch, höher als vor dem Krieg, wird allerdings ab 1916 auf viereinhalb Prozent reduziert. Massen von Propagandakarten, Bilderbögen, Zeitungsanzeigen und ab 1917 auch Plakaten machen patriotische Werbung. Insgesamt kommen im Deutschen Reich mehr als hundert Milliarden Mark zusammen, rund 60 Prozent der Kriegskosten, in Österreich-Ungarn 54 Milliarden Kronen bei Kriegskosten von 90 Milliarden (1916 sind 100 Kronen 143 Mark wert). Das Aufkommen ist allerdings in den verschiedenen Ländern der Monarchie höchst unterschiedlich und versiegt in den nichtdeutschen Ländern gegen Ende des Krieges.

Auch das Zarenreich wirbt für die Zeichnung von Kriegsanleihen. Der Text auf der Rückseite lautet: »Offener Brief. Alle für den Krieg. Alle für den Sieg. Das ist der Ruf aller russischen Erde. Unsere Armee ist unbesiegbar. Jeder von uns muß an der Verteidigung der Heimat teilnehmen.«

Deutscher Spott über den schlechten Verkauf russischer Anleihen und den enttäuschten Zaren.

Da das Geld aber immer noch nicht reicht, werden überall auch Kriegskredite aufgenommen: Die USA finanzieren auf diese Art England. Deutschland gibt 1915 Bulgarien einen Kredit von 200 Millionen Mark für dessen Eintritt in das Bündnis. Rumänien erhält für seinen Kriegseintritt fünf Millionen Pfund von England – und so fort.

Ab 1916 erhöhen die Mittelmächte die Steuern drastisch. Der thüringische Bauer Viktor Walther klagt über den »unerträglichen« Steuerdruck ebenso wie Arthur Schnitzler in Wien. Laut Schnitzler geschehe »wissentlich den Steuerzahlern Unrecht. Dabei überflüssig – da ja doch immer weiter Geld gedruckt wird. Aber man will sich vor dem Ausland mit hohen Steuereingängen ausweisen! – Würde sich ein Privatmann benehmen wie der Staat, – er wäre längst gehängt.« (24.2.1917)

Der mobile Krieg

Der Erste Weltkrieg ist der erste voll-mobile Krieg. Mit der Eisenbahn werden Truppen über weite Entfernungen rasch verlegt. Es gibt Lazarettzüge, Entlausungszüge, Badewagen auf Schienen, Munitionszüge und so fort.

Mancher General mutet seinen Soldaten vom Schreibtisch aus bei der Truppenverlegung unerträgliche Strapazen zu, wie der 22jährige Erwin Sello im Februar 1917 berichtet: Zunächst geht es vier Tage lang in ungeheizten Güterwagen über Wladimir-Wolynsk, Kowel, Grodno und Wilna. »Todmüde und klappernd vor Frost« werden die Männer auf die Feldbahn umgeladen: weitere sieben Stunden Fahrt bei 36 Grad Kälte. »Als wir aus der Feldbahn ausgeladen wurden, blieb einer von uns auf dem Wagen erfroren liegen. Ob er noch lebt, weiß ich nicht. Wir sahen gespenstisch aus. Der Kopfschützer und der Mantelkragen waren ein Eisklumpen; die Tränen, die infolge des scharfen Windes hervortraten, wurden sofort zu Eis, so daß ich nur ganz verschwommen sehen konnte.« Es folgte ein zweistündiger Marsch mit vollem Gepäck – meist 30 Kilo schwer: »Haufenweise

Im Überschwang des August 1914 gleicht die Fahrt nach Paris einer Vergnügungsreise von Partenkirchen bis zum nahen Badersee. Mit modernen Verkehrsmitteln würde der Krieg rasch siegreich beendet sein.

wurde abgebaut. Und selbst die Gefahr des Erfrierens vermochte die Kerle nicht zum Weitergehen zu veranlassen. Es war ihnen allen gleichgültig.« Am Ziel, einem Waldlager, angekommen, erhält Sello den Befehl, ohne Rast sofort eine Schanze zu besetzen und zur Verteidigung einzurichten: »2 Kilometer nach vorn: das scheint nicht viel zu sein, nur muß man bedenken, daß der Wind die ungeheuren Schneemassen zu wahren Bergen aufgehäuft hatte. Alle paar Meter sinkt man bis zur Koppel in Schnee und kann nur mit Unterstützung heraus ... Dann bemerkte ich, daß mir die linke Zehe erfroren war. Ich erfuhr aber, daß ich der Fünfzehnte mit erfrorenen Gliedern sei.« (KbSt)

»Gefährliche Fahrt in Feindesland.«

Idyllisches Bild einer Essenspause beim Truppentransport in Güter- und Viehwagen. Die Realität sieht meist anders aus.

Transport der 30,5er-Mörser der k. u. k. Armee von Škoda. Sie sind wendiger als die »Dicke Berta« von Krupp, die eigene Eisenbahnschienen für den Transport benötigt.

Zum Transport von Munition und Maschinengewehren über unwegsames Gelände sind nach wie vor Pferdewagen im Einsatz.

Lusitania

Alfred von Tirpitz baut im Auftrag Wilhelms II. die kaiserliche Kriegsflotte zur, nach der britischen, zweitgrößten der Welt aus. Die von England im August 1914 verhängte Fernblockade aber hindert die teuren Kreuzer daran, wie geplant entscheidend in den Krieg einzugreifen.

Um die englische Blockade zu durchbrechen, konzentrieren sich die Deutschen darauf, die feindlichen Schiffe vor der englischen Küste mit Minen und U-Booten zu treffen. Im Februar 1915 eröffnet die deutsche Marineleitung den uneingeschränkten U-Boot-Krieg. Demnach sollen deutsche U-Boote ohne Vorwarnung feindliche Schiffe auf dem Weg von und nach England torpedieren und versenken. Passagierschiffe und unter neutraler Flagge fahrende Schiffe werden nach Möglichkeit geschont oder vorgewarnt. Aber die Abgrenzung ist schwierig, da auch Passagierdampfer häufig Munition an Bord haben – und britische Schiffe zur Tarnung immer öfter unter neutraler Flagge fahren.

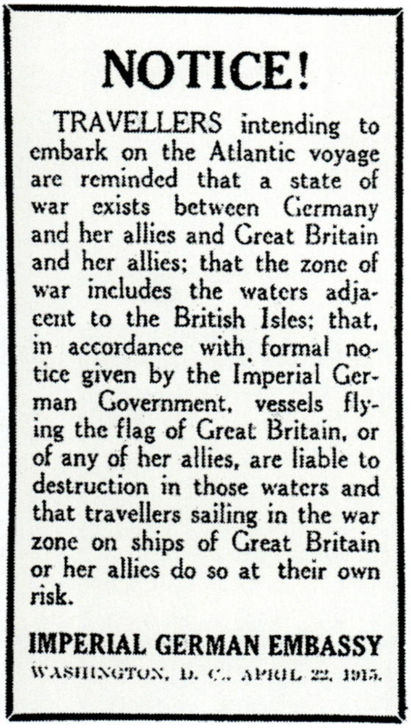

NOTICE!

TRAVELLERS intending to embark on the Atlantic voyage are reminded that a state of war exists between Germany and her allies and Great Britain and her allies; that the zone of war includes the waters adjacent to the British Isles; that, in accordance with formal notice given by the Imperial German Government, vessels flying the flag of Great Britain, or of any of her allies, are liable to destruction in those waters and that travellers sailing in the war zone on ships of Great Britain or her allies do so at their own risk.

IMPERIAL GERMAN EMBASSY

WASHINGTON, D. C., APRIL 22, 1915.

Annonce der Deutschen Botschaft mit der Warnung vor möglichen Angriffen im Kriegsgebiet.

Am 7. Mai 1915 ist die Lusitania, das größte und schnellste Schiff der britischen Cunard Line, auf dem Weg von New York nach Liverpool. Knapp 2000 Menschen sind an Bord. Es sind schwierige Zeiten: Die Briten bereiten den Angriff auf die Halbinsel Gallipoli in den Dardanellen vor und schicken Truppen- und Materialtransporte per Schiff dorthin. Deutsche U-Boote versuchen ebendiese Transporte zu stören und möglichst auszuschalten.

Die Deutsche Botschaft weist vor der Abfahrt der Lusitania in einer Anzeige in zahlreichen US-Zeitungen sehr deut-

Eine von vielen phantasievollen Darstellungen vom Untergang der Lusitania. Über den Grund des ungewöhnlich raschen Sinkens gibt es einige Theorien, darunter auch die von explodierender Munition an Bord.

England wird hier als ein vor dem U-Boot flüchtender Frosch verhöhnt, der U-Boot-Krieg als Garant des Sieges über England gefeiert.

lich auf den Kriegszustand hin und warnt, daß eine Atlantikfahrt nur auf eigene Gefahr anzutreten sei.

Am frühen Nachmittag des 7. Mai, als sich die Lusitania noch im Seegebiet vor Irland befindet, schießt das deutsche U-Boot U20 einen Torpedo ab, der die Lusitania in erstaunlich kurzer Zeit sinken läßt. 1195 Menschen sterben. 123 von ihnen sind Staatsbürger der neutralen USA.

Die Empörung ist weltweit. In England wie den USA brechen Unruhen gegen deutsche Staatsbürger aus. Leute mit deutschen Namen werden wüst beschimpft. Sogar renommierte, seit Generationen seßhafte deutsche Firmen müssen die Arbeit einstellen. Der englischstämmige Pianist Karl Klindworth klagt am 23. Mai 1915: »Die Sorgen, Verluste und Beängstigungen der großen Geschäfte sind unfaßbar,

Deutsches Unterseeboot auf Patrouille vor der englischen Küste.

für die beiden mir wohl geneigten Firmen Schott [Musikverleger] und Bechstein [Klavierfabrik] geht das in die Millionen, voraussichtlich vollkommene Vernichtung allen Besitzes in London, Liverpool, Paris, Petersburg, und aller Hoffnung für die Zukunft.«

Die deutsche Regierung entschuldigt sich bei den Amerikanern, drückt ihr Mitgefühl für die Opfer aus. Die Schuld trage freilich die englische Regierung mit ihrer Hungerpolitik gegenüber Deutschland. Präsident Woodrow Wilson schickt eine strenge Note nach Berlin, bricht aber die diplomatischen Beziehungen nicht ab. Die USA sind noch nicht bereit für den Krieg.

Jedenfalls ist die Torpedierung der Lusitania, so Stefan Zweig, »dank des Ausbruchs universaler moralischer Empörung für Deutschland verhängnisvoller als eine verlorene Schlacht«.

Brot- und Mehlkarten

Außer der englischen Blockade gibt es noch andere Gründe für die Knappheit an Nahrungsmitteln: Jungbauern und Landarbeiter sind beim Militär. Ältere Männer, Kinder und Frauen müssen die schwere Arbeit tun – und schaffen es oft nicht. Denn die für die Feldarbeit nötigen Zugtiere sind vom Heer requiriert. Außerdem gibt es nicht genug Kunstdünger. Und falls tatsächlich im Hinterland Mehl vorhanden ist, so fehlen Transportmöglichkeiten in die Städte. Denn fast alle Waggons und Autos fahren im Dienst der Armee.

Die Bevölkerung muß sich selbst helfen: Auf jedem Stückchen Land, in Parks und Gärten der Großstädte, schließlich sogar auf Balkons, ja auf Gräbern werden Kartoffeln und Gemüse angebaut. Auf den magersten Böden gedeihen Brennnesseln, die zu Spinat verkocht werden.

In Österreich ist die Situation besonders kraß, da seit Ende 1914 die Lebensmittellieferungen aus dem nun großteils von Russen erober-

Doch wenn wir erst am Kreml siegen
Wird man auch wieder Semmel kriegen.

Diese vom Berliner »Bund der Landwirte« herausgegebene Werbekarte führt 1909 vor Augen, daß sich Deutschland auch bei geschlossenen Zollgrenzen durchaus eigenständig ernähren könne. Die Behauptung erweist sich seit der englischen Blockade als unwahr.

Liebesmittel-Karte X
für **weibliche** Bezugsberechtigte.
(Nicht übertragbar.)

Name: ....
(Deutlich ausfüllen.)

Bezugsschein für 1 herzhaften Kuß oder 2 süße Busserln.	**Bezugsmarke** für Fusseln mit den Händen	**Bezugsschein** für postlagernde Briefe
Bestellmarke für ein Stelldichein in der Seufzerallee	**Bezugsschein** für einen Freund mit od. ohne Schnurrbart.	**Bestellmarke** für die 1. Verlobung (nebst Kuss).
Bezugsschein für **einen hübschen Mann** (für einen in Uniform ist die ganze Karte abzuliefern).		
Bezugsschein für Zwillinge	**Bezugsmarke** für 1 hübschen Zimmerherrn od. 1 Hausfreund	**Bezugsschein** gegen das **gefährliche** Alter

Zu früh verbrauchte Marken werden nicht ersetzt.

Verloren gegangene Karten werden nicht ersetzt!

Obwohl das Brot längst mit Kartoffeln und anderen Zutaten zum »Kriegsbrot« gestreckt wird, sehen sich die Mittelmächte 1915 gezwungen, Mehl und Brot zu rationieren.
Die Bezugskarten garantieren vorerst noch reichliche Portionen.

ten Galizien und der Bukowina ausbleiben. Um so wichtiger werden Getreidelieferungen aus Ungarn, dem traditionellen Lieferanten für den westlichen Teil der Donaumonarchie. Ausgerechnet jetzt aber sperren die Ungarn die Grenzen zu »Cisleithanien« – ein Schritt, der durchaus zu Zweifeln an der Standfestigkeit des Vielvölkerreichs berechtigt. Nun sind auch die Österreicher auf Lebensmittelkarten und rationierte Mengen von Brot und Mehl angewiesen.

In den Zeitungen sind viele hoffnungspendende Meldungen zu lesen, so etwa, daß der Berliner Privatdozent Hans Friedenthal ein Verfahren entwickelt habe, aus Stroh Mehl zu machen: »Das nach seinem Verfahren gewonnene Strohmehl soll leicht verdaulich, nahrhaft und schmackhaft, außerdem im Gebrauche billig sein.« Bald ist nichts mehr von der Erfindung zu hören, und es wird eine andere Patentlösung präsentiert.

Sparappelle finden sich nun überall: an Hauswänden, auf Briefmarken, in Zeitungen. Aber die Lebensmittelkarten sind noch so neu und ungewohnt, daß sie zu vielen Witzen Anlaß geben.

Frauen im Krieg

Das traditionelle Bild der Frau im Krieg ist das der Krankenschwester und Trösterin. Hunderttausende Frauen arbeiten in Lazaretten, Hospitälern, an den Fronten, in den besetzten Ländern und in Gefangenenlagern als – oft rasch angelernte – Krankenschwestern.

Das Motiv der Fabrikarbeiterin im Krieg eignet sich dagegen nicht für bunte Bilder. Es handelt sich hier vor allem um Frauen aus den Großstädten – viele von ihnen Soldatenfrauen und Kriegerwitwen mit Kindern –, die als Arbeiterinnen eingesetzt werden: in Firmen zur Produktion von Uniformen, Militärstiefeln, Sprengstoff, Munition, Konserven und ähnlichem für den Heeresbedarf, dann bei der fabrikmäßigen Sortierung und Verwertung der immer wichtigeren Altwarensammlungen wie von Metall, Papier, Altkleidern und ähnlichem. Zur harten Fabrikarbeit kommen täglich lange Wege mit immer schlechter werdenden öffentlichen Verkehrsmitteln, mangelhaftes Essen und die quälende Sorge um die alleingelassenen Kinder, Alten und Kranken zu Hause.

Junge Mädchen werden vor allem in solchen Munitionsfabriken eingesetzt, die weitab von Wohngebieten liegen und Massenquartiere für die Arbeiterinnen haben. Auffällig viele von ihnen bekommen eine gelbe Haut, werden hinfällig und müssen als Sieche nach Hause geschickt werden: Sie haben eine Vergiftung durch Blausäure und Pikrin, die wichtigsten Bestandteile von Sprengstoffen. Viele bleiben ihr Leben lang krank. Manche sterben.

Erst im September 1918, wenige Wochen vor seiner Abdankung, würdigt Wilhelm II. in einer Rede im Essener Krupp-Werk den Einsatz der Fabrikarbeiterinnen: »Eine ganz ungeahnte Mobilmachung ist es gewesen, diese zweite industrielle Mobilmachung ohne Unterschied des Alters und Geschlechtes, eine Anforderung, wie sie noch nie an das deutsche Volk gestellt worden ist.«

Die deutsche Frau im Kriege

Im Laufe des Krieges werden immer mehr Frauen in die Kriegswirtschaft einbezogen, verstärkt auch in Munitionsfabriken.

In Ermangelung eines Pferdes ziehen Großmutter und Enkel die Egge. Die Karte heißt »Stilles Heldentum«.

Ein Soldat wird bei seinem Urlaub von der Front unerwartet mit der »neuen Frau« konfrontiert.

Die notgedrungen berufstätige Frau entwickelt zunehmend Selbstbewußtsein.

An Meine Völker!

Der König von Italien hat Mir den Krieg erklärt.

Ein Treubruch, dessengleichen die Geschichte nicht kennt, ist von dem Königreiche Italien an seinen beiden Verbündeten begangen worden.

Nach einem Bündnis von mehr als dreißigjähriger Dauer, währenddessen es seinen Territorialbesitz mehren und sich zu ungeahnter Blüte entfalten konnte, hat Uns Italien in der Stunde der Gefahr verlassen und ist mit fliegenden Fahnen in das Lager Unserer Feinde übergegangen.

Wir haben Italien nicht bedroht, sein Ansehen nicht geschmälert, seine Ehre und seine Interessen nicht angetastet; Wir haben Unseren Bündnispflichten stets getreu entsprochen und ihm Unseren Schirm gewährt, als es ins Feld zog.

Wir haben mehr getan: Als Italien seine begehrlichen Blicke über Unsere Grenzen sandte, waren Wir, um das Bundesverhältnis und den Frieden zu erhalten, zu großen und schmerzlichen Opfern entschlossen, zu Opfern, die Unserem väterlichen Herzen besonders nahe gingen.

Aber Italiens Begehrlichkeit, das den Moment nützen zu sollen glaubte, war nicht zu stillen.

Das denkwürdige Manifest unseres Kaisers vom 23. Mai 1915.

Und so muß sich das Schicksa
vollziehen.

Dem mächtigen Feinde im Norde
haben in zehnmonatlichem gigantische
Ringen und in treuester Waffenbrüde
schaft mit den Heeren Meines erlauchte
Verbündeten Meine Armeen siegreic
standgehalten. — Der neue heimtückisch
Feind im Süden ist kein neuer Gegne

Die großen Erinnerungen an Novar
Mortara, Custozza und Lissa, die de
Stolz Meiner Jugend bilden, und d
Geist Radetzkys, Erzherzog Albrech
und Tegetthoffs, der in Meiner Lan
und Seemacht fortlebt, bürgen Mir dafü
daß Wir auch gegen Süden hin d
Grenze der Monarchie erfolgreich ve
teidigen werden. — Ich grüße Mei
kampfbewährten, siegerprobten Truppe
Ich vertraue auf sie und ihre Führe
Ich vertraue auf Meine Völker, der
beispiellosem Opfermute Mein innigst
väterlicher Dank gebührt.

Den Allmächtigen bitte Ich, d
er Unsere Fahnen segne und Unse
gerechte Sache in seine gnädige Obh
nehme

Franz Josef m. p.

Stürgkh m. p.

Wien, 23. Mai 1915.

Kommentar Arthur Schnitzlers: »In der Zeitung die Kriegserklärung, das Manifest des Kaisers. Wuth und Ekel über Italien bis zu Thränen.«

Italien wechselt die Fronten

Der ehemalige Dreibundpartner Italien hat zunächst über seinen Kriegseintritt an der Seite der Mittelmächte lange verhandelt, aber als Gegenleistung von Wien nicht mehr und nicht weniger als das Trentino, also den italienischsprachigen Teil Südtirols um Trient, dann das Isonzogebiet und einige Adriainseln gefordert. Am 19. März 1915 notiert Walther Hamann: »Es verdichten sich die Gerüchte immer mehr, die von einer Abtretung des Trento gegen Zahlung von 10 000 000 K(ronen) und Eingreifen Italiens zu unseren Gunsten berichten.« Obwohl Berlin Druck ausübt, sträubt sich die k. u. k. Regierung lange, die Bedingungen zu akzeptieren. Die Entente bietet bald weit mehr: Südtirol bis zum Brenner (also auch die gemischt- und deutschsprachigen Gebiete), Istrien, Triest und Dalmatien (ohne Fiume/Rijeka).

Ein österreichisches Kind, das Soldat spielt und eine Trommel schlägt – in den k. u. k. Farben schwarz-gelb mit ungarischem Rand –, gibt seiner Empörung über den italienischen Elitesoldaten Bersagliere Ausdruck: »Pfui!« Das entspricht der herrschenden Meinung der Österreicher.

Im Mai herrscht in Wien große Nervosität. Schnitzler am 15. Mai: »Italien noch immer unsicher.« Am 17. Mai: »Die Kriegsströmung in Italien, neue dringende Gefahr, Schurkerei und Wahnsinn. – Es ist kaum zu ertragen.« Am 21. Mai: »Die ungeheure allgemeine Empörung gegen Italien.« Am 23. Mai kommt die Kriegserklärung. 1700 italienischsprachige Österreicher werden interniert, weil sie wirklich oder angeblich mit Italien sympathisieren. Hamann, inzwischen in Südtirol, notiert, daß »sämtliche in Triest ansässigen Reichsitaliener und viele irredentistische italienische Österreicher die Stadt haben zwangsweise verlassen und über die Schweiz nach Italien zurückkehren müssen. Viele Gemeinderäte und hochangestellte Beamte usw. sollen geflohen sein.« (11.7.1915) Und über Rovereto: »Die menschenleere Stadt hat Eindrücke des Schaurigen und Unheimlichen hinterlassen.« (10.8.1915)

Italien zeigt Selbstbewußtsein: »Die Armee ist bereit zum Kampf für die Größe des Vaterlandes.«

Der Zorn der deutschsprachigen Tiroler gegen Italien löst starke nationale Kräfte gegen die »Verräter« aus. Viele hochmotivierte Freiwillige, auch sehr junge und sehr alte, melden sich zum Kriegsdienst. Die Tiroler Kaiserjäger bemühen Parallelen zum Abwehrkampf Andreas Hofers von 1809.

Am 21. August erklärt Italien auch dem Osmanischen Reich den Krieg und bekräftigt, das 1911 eroberte Tripolis zu behalten: »In Tripolis sind wir und bleiben wir!«

»Gold gab ich für Eisen« und eilige Forschung

Die Seeblockade zeigt von Monat zu Monat mehr Wirkung. Einerseits legt sie den einst erfolgreichen deutschen Außenhandel lahm, andererseits verhindert sie Importe wichtiger Rohstoffe und Lebensmittel. Um bei neutralen Staaten einkaufen zu können, brauchen die Mittelmächte Gold als internationales Zahlungsmittel für Waffen und Munition, aber auch immer mehr für Nahrungsmittel. Zunächst tauscht die Reichsbank konsequent Goldmünzen in Papiergeld um. Dann wird in der Aktion »Gold gab ich für Eisen« die Bevölkerung aufgerufen, ihren Schmuck zu spenden. Für Goldschmuck wird Eisenschmuck ausgegeben. Rund eine Million goldene Eheringe werden im Lauf des Krieges gegen einserne getauscht.

Bei galoppierender Inflation werden dann auch die Silbermünzen in Papier gewechselt und schließlich alle anderen Metallmünzen: aus Nickel, Aluminium, Zinn und anderem. Im Herbst 1916 wird der Besitz von Metallmünzen bei Androhung von Strafen verboten. So manchem gelingt es, Gold- oder Silbermünzen zu verstecken oder zu vergraben.

Deutschland muß die vorhandenen Ressourcen so sparsam wie möglich einsetzen, durch Beimischungen strecken, Ersatzstoffe finden und kriegswichtige Rohstoffe zentral zwangsbewirtschaften. Um dies alles zentral zu organisieren, wird bereits im August 1914 in Berlin die Kriegsrohstoffabteilung gegründet und Walther Rathenau unterstellt.

Das Deutsche Reich hat zwar genügend Kohle und Eisenerz. Aber sehr viele Rohstoffe, etwa Kautschuk, Schwefel, Zinn, Leder, Fett, müssen ersetzt werden. Geradezu kriegsentscheidend ist, dass ein Ersatz für den früher aus Chile importierten Salpeter entwickelt wird, bis 1914 unabdingbar für die Herstellung von Munition. Der hochmotivierten und patriotischen deutschen Wissenschaft gelingt es, mit dem »Haber-Bosch-Verfahren« Stickstoff aus Luft zu erzeugen und

Eiserne Zeit will Eisengeld, / Gleißend Gold verdirbt die Welt, / Lehrt sie leisetreten. / Falscher Brite sieh dich für, / Michels Geld dröhnt vor der Tür: / Deutschlands Schwert lehrt beten!

zur Produktion von Munition zu verwenden. Gleichzeitig wird der Stickstoff in der Landwirtschaft als Düngemittel eingesetzt, wenn auch nie in genügender Menge. Wegen des großen Bedarfs werden mit staatlichen Mitteln ständig neue Fabriken für Stickstoff gegründet und rasch vergrößert.

Die Zeitungen sind voll von Erfolgsgeschichten der Forschung von Fachleuten wie Laien: In einer Elberfelder Fabrik wird aus dem Klärschlamm von Abwässern ein dunkelbraunes Fett gewonnen, das zu Stearin und Ölsäure verarbeitet wird. Professor Hans Goldschmidt erfindet ein Verfahren, aus Weißblech Zinn zu gewinnen, das bisher aus England und Australien importiert wurde. Zinn ist vor allem für die in großen Mengen benötigten Konservendosen wichtig, ohne die die Ernährung der Truppen nicht möglich wäre. Nun ist eine ständige Wiedergewinnung von Zinn aus alten Dosen möglich. Die Idee wird in einer eigenen Fabrik in Essen im großen Stil umgesetzt. Dazu kommt die Erfindung der Multiplexmaschine, die das Löten von Dosen überflüssig macht und dadurch Material einspart. Benzin wird durch Benzol oder Spiritus ersetzt, der wiederum aus Kartoffeln gewonnen wird. Aus Altmaterial wird ein neuer »Regenerationskautschuk« hergestellt. Hanf und Flachs werden wieder angebaut, um daraus wie in alten Zeiten Kleiderstoffe anzufertigen.

Mannigfaltiges.

Kerzen aus Tabakrauch. Nicht nur aus Laub sowie anderen Vegetabilien läßt sich nach Untersuchungen von Dr. C. Thomae in Gießen zur Lichterfabrikation geeignetes Wachs gewinnen, auch der Tabakrauch stellt Kerzenmaterial dar. Die Zigarren- und Zigarettenwölkchen und die Wolken der Pfeife bestehen nach genanntem Forscher nicht, wie allgemein angenommen wird, aus Flugasche, sondern aus Pflanzenwachs, das von Nikotin, Tabakharz und methylaninartig riechenden Substanzen begleitet wird, aber auf chemischem Weg hievon befreit werden kann. Dr. Thomae gelang es schon, aus 100 Zigarren, deren Rauch er in einem Gefäß auffing und der sich darin als fester Ueberzug ansetzte, ein niedliches, hellbrennendes Lichtchen herzustellen.

Die Erfolge der deutschen Wissenschaft werden sogar in dieser Statue gepriesen. Karte der »Vereinigten Salpeter-Producenten« in Berlin.

Prof. Dr. Oswald Richter, Extraordinarius an der Universität Wien,
gelang es, einen Ersatz für Baumwolle aus Brennesseln herzustellen.

Zwei von unzähligen Beispielen für Erfindungen. Die Kerzenidee (links) erweist sich zwar als unbrauchbar. Aber die Gewinnung von Baumwolle aus Brennesseln wird eifrig praktiziert und ist nötig, da 1915 die italienischen Baumwollimporte ausfallen.

Vorstoß in Galizien

Nach schweren Kämpfen gelingt es den vereinigten Truppen, die Russen zurückzuschlagen. Am 5. Mai 1915 durchbrechen sie die russischen Stellungen bei Gorlice-Tarnów. Die Russen weichen zurück.

Walther Hamann ist zwei Tage später im gerade erst eroberten Tarnów und berichtet: »Hier herrscht reges Leben, die Kaufläden alle geöffnet, auf den Bürgersteigen eine bunte lebhafte Menge, in der zahlreiche Lebedamen auffallen, die als leider einzige Kriegsbeute von den Russen zurückgelassen wurden ... Ein Kaufmann sagt mir, daß die Bevölkerung froh sei, wieder österreichische Soldaten zu sehen. Ich wills ihm glauben ... Man bekommt viele russische Waren zu kaufen, sogar Weizenmehl und weißes Brot. Ich nehme Konditorsachen und Zigaretten mit, trinke in einer Konditorei auf der Hauptstraße einen Kaffee.« Galizien ist für die Soldaten fortan das Land, in dem dank der Geschäftstüchtigkeit jüdischer Händler »Milch und Honig fließen«. Denn hier gibt es – für genügend Geld – fast alles zu kaufen, sogar Fleisch.

Bei den Siegesmeldungen freilich sind viele Wiener noch skeptisch. Annerl Tampier schreibt am 9. Mai an Hamann, sie freue sich ja über die »Siegesfahnen, die von allen Häusern wehen und der Stadt ein – ach so lang entbehrtes – festlich frohes Aussehen geben. Mit einem zagen, bangen Glücksgefühl, das sich noch gar nicht so recht hervorwagt, nimmt man die letzten Nachrichten vom Kriegsschauplatze auf und zittert bei jedem neuen Berichte, ob er nicht die Freude dämpfen werde, die große Freude über die bewundernswerten Erfolge unserer tapferen Truppen. Und nur der eine heiße Wunsch erfüllt die Seele, daß es doch diesmal zu einem vollen, die endgiltige Entscheidung herbeiführenden Erfolge kommen möge!« Doch eine endgültige Entscheidung gibt es auch in Galizien nicht, selbst wenn sich die Siege fortsetzen.

Gefallene Russen, von ihren Gegnern triumphierend dem Photographen präsentiert, im April 1915 in Galizien.

Nach den mißlungenen Karpatenschlachten müssen die Deutschen ihrem k.u.k. Bündnispartner an der Ostfront militärisch zu Hilfe kommen. Zum Mißvergnügen Wiens übernehmen sie auch das Kommando über die gemeinsamen Truppen. Hier (in der Mitte) Hindenburg als Oberbefehlshaber Ost und (links) Generalfeldmarschall August von Mackensen, der die vereinigten Truppen bei der Rückeroberung Galiziens und dann in Serbien befehligt.

Am 3. Juni wird die Festung Przemyśl zurückerobert, am 22. Juni auch Lemberg wieder von den Russen befreit.

Am 5. August zieht Prinz Leopold von Bayern, Oberbefehlshaber der deutschen 9. Armee und Schwiegersohn von Kaiser Franz Joseph, an der Spitze der verbündeten Truppen in Warschau ein. Siegesfahnen wehen auch in Wien, in Berlin und in anderen Städten.

Von Österreichisch-Polen geht es kämpfend weiter ins russische Polen. Besonders umkämpft sind – wie hier – die Anlagen der Erdölindustrie.

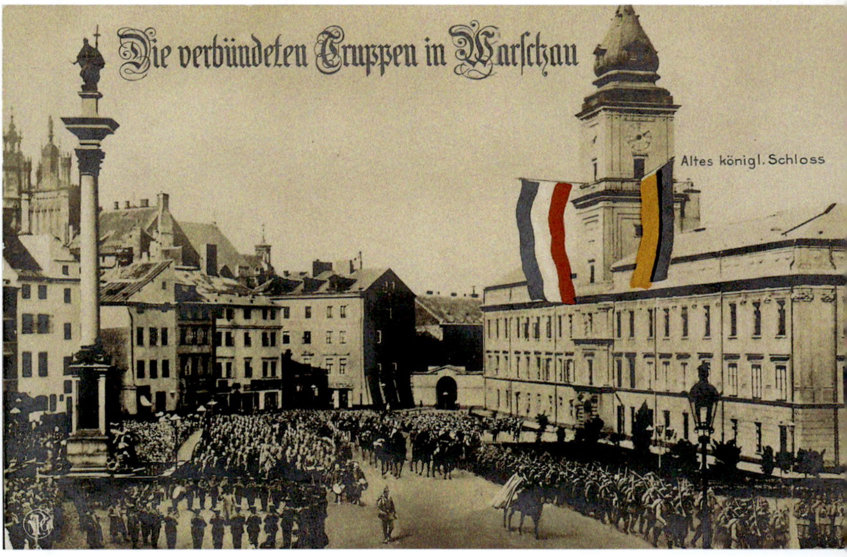

Sieg über Serbien

Eine willkommene Reaktion auf die Erfolge der Mittelmächte in Polen ist das Bündnis mit Bulgarien am 6. September 1915. Denn Bulgarien ist als Nachbarstaat sowohl Serbiens als der Türkei von großer strategischer Bedeutung. Die Türkei ist deshalb auch bereit, den Preis für das Bündnis mit Bulgarien zu zahlen, nämlich Gebietsabtretungen im türkisch-bulgarischen Grenzbereich.

Das nächste Ziel ist die Niederwerfung Serbiens. Die Offensive beginnt am 6. Oktober 1915 wieder unter dem Kommando von Mackensen – zum großen Ärger der k. u. k. Armeeführung. Bereits am 9. Oktober fällt Belgrad, wird besetzt und gehalten. Erst am 14. Oktober erklärt auch Bulgarien Serbien den Krieg. Der neue »Viererbund« erobert innerhalb von vier Wochen mit einer gewaltigen Übermacht ganz Serbien, wobei die serbische Kampfkraft durch Hunger und Typhus stark beeinträchtigt ist.

Der neue Bündnispartner: Zar Ferdinand von Bulgarien, in Wien geborener Sproß des Hauses Sachsen-Coburg-Gotha und ehemaliger k.u.k. Offizier, seit 1887 Fürst, seit 1908 Zar von Bulgarien, modernisierte mit viel Geschick das rückständige Land und strebte im Krieg ein »Großbulgarien« an.

Schachspiel: Nach den Erfolgen in Polen haut Hindenburg, assistiert von Conrad von Hötzendorf, auf den Tisch und signalisiert den Oberbefehlshabern der Entente: »Das Spiel ist aus.«

Serbien wird zwischen Österreich-Ungarn und Bulgarien aufgeteilt und unter Militärverwaltung gestellt. Die Reste der serbischen Armee – rund 100 000 Mann, bei ihnen auch 20 000 k. u. k. Kriegsgefangene – und Zivilisten flüchten über Albanien an die Adria, wo alliierte Schiffe Tausende Überlebende aufnehmen und nach Korfu in Sicherheit bringen.

Nach der Eroberung Serbiens geht der Siegeszug weiter: Die Italiener werden aus Albanien vertrieben. Montenegro kapituliert im Januar 1916. Walther Hamann erfährt aus Serbien und Albanien von Kameraden, »es sei ihnen ausgezeichnet gegangen, so daß sie infolge ergiebiger Requirierungen auf ärarische (staatliche) Verpflegung vollkommen verzichten konnten«. (14. 3. 1916)

Das zeigt, wie brutal die beiden Besatzungsmächte in Serbien auftreten. Photos von Massenhinrichtungen von Serben gehen um die Welt. (s. S. 184)

Die Serben stehen kampfbereit hinter der Save, werden aber von der Übermacht des »Viererbundes« rasch zurückgeworfen.

Mühseliges Vorankommen bei einsetzendem Winter.

Serbische Kriegsgefangene in Mitrowitz im Herbst 1915 – ein Bild des Elends und des Hungers.

Serben auf der Flucht im winterlichen Hochgebirge.

Verwundete

Durch die Verwundeten, die nun die Großstadthospitäler füllen, und die immer größer werdende Zahl der Kriegskrüppel wird die »Heimat« zum ersten Mal mit dem Elend des Krieges konfrontiert. Schnitzler, der häufig als Assistenzarzt arbeitet, notiert über seinen Bruder, einen Wiener Chirurgen: »Julius erschöpft und deprimirt von den schweren Verwundeten, die heute kamen.« (13.9.1914) Und nach einem Berliner Wohltätigkeitskonzert: »In den rückwärtigen Reihen lauter Verwundete – ich gewahre sie plötzlich während der Meistersinger-Ouverture, und bin zu Thränen erschüttert.« (26.10.1914) Und: »Sah Otto Zuckerkandl operieren; an zwei Verwundeten; eine furchtbare Kieferverletzung; dann eine Kugel im Becken; – der wäre beinah verblutet; Unterbindung der iliaca; Rettung. Hier ist das wesentliche des Krieges. Alles andere ließe sich wegdenken – Diplomatie – Weltgeschichte – Ruhm – Begeisterung – sogar der Tod. Aber das Leid ist das wesentliche. Und ich sehe den millionsten Teil eines millionstels.« (13.10.1914)

Ein Tabu stellen die Kopfverletzungen dar: Viele der durch Schüsse ins Gesicht verunstalteten Männer fürchten sich, ihren Familien zu begegnen, und kehren nie mehr nach Hause zurück. Gehirnverletzungen führen zu Lähmungen, Epilepsie, Gedächtnisschwund. Die Schwerstverletzten, die oft ihren Namen nicht mehr wissen, kommen in spezielle Lazarette. Käthe Kollwitz hört von einem Besucher aus Theresienstadt »schreckliche Sachen von den Zuständen im Lazarett für Epileptiker«. (6.2.1918)

Die Medizin ist wie kaum je zuvor gefordert, immer wieder neue Operationsmethoden für Schwerstverletzte zu finden. Notgedrungen entwickelt sich die plastische Chirurgie besonders rasch, die sich bemüht, in vielen mühsamen Transplantationen lebenswichtige Funktionen notdürftig wiederherzustellen.

Viel gepriesen werden die Lazarettzüge, die Schwerstverletzte in die großen Hospitäler bringen. Stefan Zweig freilich berichtet aus eigener Erfahrung: »Ach, wie wenig glichen sie jenen gut erhellten,

Grundsätzlich hat jeder Soldat Verbandsmaterial bei sich, um sich selbst oder einen verwundeten Kameraden sofort notdürftig versorgen zu können. Die gehfähigen Leichtverletzten machen sich dann auf den Weg zum nächsten Sanitätsstützpunkt. Auf dieser Propagandakarte ist im Hintergrund ein deutscher Soldat zu sehen, der einen französischen Verwundeten stützt.

Ein Soldat ruft die Sanitätspatrouille, während im Hintergrund heftig gekämpft wird. Nicht gehfähige Verwundete werden zum nächsten Sanitätsstützpunkt oder ins Feldlazarett gebracht.

weißen, wohlgewaschenen Sanitätszügen, in denen sich die Erzherzoginnen und die vornehmen Damen der Wiener Gesellschaft zu Anfang des Krieges als Krankenpflegerinnen abbilden ließen! Was ich schauernd zu sehen bekam, waren gewöhnliche Transportwagen ohne richtige Fenster, nur mit einer schmalen Luftluke und innen von verrußten Öllampen erhellt. Eine primitive Tragbahre stand neben der anderen, und alle waren sie belegt mit stöhnenden, schwitzenden, todfahlen Menschen, die nach Luft röchelten in dem dicken Geruch von Exkrementen und Jodoform.« Und: »Nichts war zu sehen von

Nach der ärztlichen Grundversorgung müssen Schwerverwundete ins Feldlazarett oder zum Bahnhof gebracht werden, um von dort zur Operation in ein großes Spital transportiert zu werden. Diesen Transport auf schlechten Wegen, oft bei Schlamm und Eis quer durch wüste Trümmerlandschaften überlebt so mancher Verwundete nicht.

dem weiß leuchtenden Bettzeug der Photographien. Zugedeckt mit längst durchgebluteten Kotzen lagen die Leute auf Stroh auf den harten Tragbahren und in jedem dieser Wagen schon zwei oder drei Tote inmitten der Sterbenden und Stöhnenden.« Der begleitende Arzt sei ein ungarischer Zahnarzt gewesen, der »seit Jahren nicht mehr chirurgisch praktiziert« habe und weder Morphium noch Verbandszeug hatte. Die Sanitäter hätten sich vor Übermüdung kaum aufrecht halten können. Und der in diesem »rollenden Sarg« mitreisende Pfarrer habe geklagt, kein Öl für die Letzte Ölung zu haben.

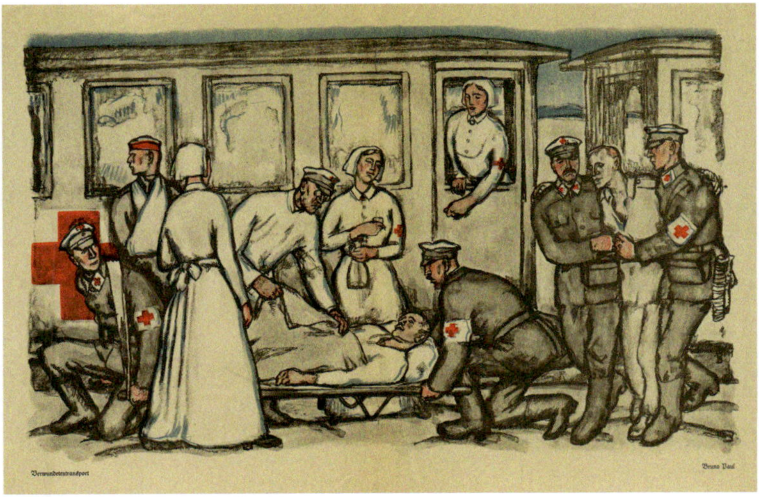

Am nächsten Bahnhof warten die Verwundeten, betreut von Ärzten, Pflegerinnen und Pflegern, oft sehr lange auf einen Lazarettzug. Aber keiner dieser Züge ist so sauber und personalreich, wie dieses geradezu idyllische Bild vorgibt.

Käthe Kollwitz beobachtet in Berlin einen Trupp Kriegsgefangener: »Im ganzen und großen wirkt diese Anhäufung gefangener Feinde deprimierend. Es erinnert etwas an [den Tierpark] Hagenbeck. Hinter einer Baracke gegen den Wind geschützt saßen viele Franzosen kartoffelschälend zusammen und sangen die Marseillaise.« (29.9.1914)

Kriegsgefangene

Bereits nach einjährigem Krieg gibt es allein in Deutschland und Österreich-Ungarn rund zwei Millionen Kriegsgefangene unterschiedlicher Nationalitäten und Sprachen. Verwaltung, Kontrolle und Verpflegung solcher Menschenmassen binden große Mengen meist männlichen Personals, das nun sowohl beim Kriegsdienst als auch in der Rüstungsindustrie und Landwirtschaft fehlt; dadurch wird die Militärkraft geschwächt. Die Gefangenen werden zu schweren Erdarbeiten bei Bahn- und Brückenbauten, der Trümmerräumung, der Feldarbeit und anderer Schwerstarbeit eingesetzt. Die großen Rüstungsfirmen machen mit dem Einsatz von gefangenen Zwangsarbeitern guten Profit, da sie für diese weit weniger zahlen als für Facharbeiter. In der Landwirtschaft, vor allem in männerlosen Haushalten, macht sich so mancher tüchtige Gefangene geradezu unentbehrlich und findet sogar Familienanschluß.

Das größte Anfangsproblem ist, eine Verbindung zwischen Gefangenen und deren Angehörigen in den Heimatländern herzustellen, da es zwischen den Feindstaaten keinen Post- und Telephonverkehr mehr gibt. Das Schweizer Rote Kreuz in Genf kommt zu Hilfe und beginnt bereits 1914, die Vermißtenanzeigen aller kriegführenden Länder mit den Listen der Gefangenen, Vermißten und Gefallenen zu koordinieren, gewaltige Karteien anzulegen und vor allem die Angehörigen zu informieren und Post aus den Gefangenenlagern und zurück zu vermitteln. Ende Dezember 1914 bereits treffen täglich rund 30 000 Briefe im Musée Rath in Genf zur Verteilung ein. Dort arbeiten rund 1200 ehrenamtliche Helfer, unter ihnen auch der französische Schriftsteller und Pazifist Romain Rolland.

Ausgewählte Gefangene, vor allem Offiziere, werden gleich am ersten Tag einem eingehenden Verhör unterworfen.

Die Gefangenenlager geben Papiergeld aus. Es ist nur innerhalb des Lagers gültig und deshalb bei einer etwaigen Flucht unbrauchbar. Dieses Beispiel stammt aus dem Lager Grödig bei Salzburg, wo bereits 1915 30 000 Russen und Serben inhaftiert sind.

Die Zensur vor allem der Gefangenenpost ist rigoros. Es werden keine Kosten gescheut, um an Informationen zu kommen. Hier die Briefzensurstelle für orientalische Sprachen im Orientalischen Seminar der Universität Berlin.

Die bunten Bilder, die die Gefangenen wohlgenährt und warm gekleidet zeigen, sind stets eigens inszeniert und stimmen mit der Realität kaum überein.

Mit zunehmender Knappheit an Lebensmitteln wird die Versorgung der Gefangenen zum Problem. Karten wie diese können mit dem Beifall der Bevölkerung rechnen.

Angst vor Verrohung

Der lange Krieg prägt die Soldaten an der Front, vor allem jene, die – wie die Langemarck-Opfer – aus glühendem Idealismus in den Kampf gegangen sind. Sensibilität, Mitleid, Gerechtigkeitssinn sind Eigenschaften, die mit dem Alltag des Krieges nicht vereinbar sind. Überdies wird so mancher feinnervige Jüngling im Feld erstmals mit der rauhen und groben Welt der Landser konfrontiert, altgedienten und abgebrühten Feldwebeln und Unteroffizieren mit einem derben, ja zynischen Umgangston, auch in bezug auf die Toten. Viele machen sich den Spaß, die empfindsamen Neuankömmlinge besonders brutal zu behandeln.

Nerven behalten, »hart werden«, abschalten können ist im Krieg eine Notwendigkeit, um die alltäglichen Schrecknisse zu überstehen. Aus Nordfrankreich schreibt der 22jährige Student Franz Blumenfeld seiner Mutter: »Eines drückt mich von Tag zu Tag mehr, ich fürchte mich so vor der inneren Verrohung.« Er habe »keine Angst vor allen Kugeln und Granaten, sondern nur vor dieser großen inneren Vereinsamung. Ich fürchte, meinen Glauben an die Menschen zu verlieren, an mich selbst, an das Gute in der Welt! Ach, das ist schrecklich!« Viel schwerer als die täglichen Strapazen sei es, »den unglaublich rohen Ton zu ertragen, der zwischen den Leuten hier herrscht«. Blumenfeld fällt zwei Monate später bei Contalmaison. (KbSt 14.10.1914)

Der 24jährige Fliegerleutnant Max Holzinger beschwört seine Eltern: »Schreibt mir bitte keine Briefe (sie mögen noch so stark von glühender Liebe getragen sein), die mich weich machen. Ich brauche nun viel mehr Kraft und Sicherheit als das tägliche Brot.« (KbJ)

JUGEND 1917 Nr. 7 Redaktionsschluss: 7. Februar 1917

Michel sei hart, steh fest,
Feinde von Ost und West
Höhnen dein starkes Herz,
Werde zu Erz!

Paul Rieth (München)

Begründer: Dr. GEORG HIRTH; Redaktion: F. v. OSTINI, Dr. S. SINZHEIMER, A. MATTHÄI, F. LANGHEINRICH, R. ETTLINGER. Für die Redaktion verantwortlich: i. V. A. MATTHÄI, für den Inseratenteil: G. POSSELT, sämtlich in München. Verlag: G. HIRTH's Verlag, G. m. b. H., München. Druck von KNORR & HIRTH, Münchner Neueste Nachrichten, München. — Geschäftsstelle für Oesterreich-Ungarn: MORITZ PERLES, Verlagsbuchhandlung Wien I. Seilergasse 4. Für Oesterreich-Ungarn verantwortlich: JOSEF MAUTNER. — ALLE RECHTE VORBEHALTEN. — Verlagsrecht für Amerika: 17. Februar 1917 bei G. Hirth's Verlag, G. m. b. H., München. — Nachdruck verboten.

Preis: 45 Pfennig.

Der Student Hugo Müller meint, er habe sich an die Greuel der Schützengräben gewöhnt, »und bin ebenso kalt dagegen geworden wie unsere Landser. Der Krieg verroht Herz und Gemüt, macht den Menschen kalt gegen alles, was ihn sonst ergriff und bewegte... Wer die ganze Tragik der mannigfachen Ereignisse, die schon der normale Tag hier bringt, auf sein Gemüt einwirken lassen will, der muß seinen Verstand verlieren oder mit hochgehobenen Armen zum Feinde überlaufen.« Und: »Soeben habe ich einen Brief an den Vater eines vorgestern gefallenen Unteroffiziers meines Zuges geschrieben. Wenn die armen Eltern ihren Sohn gesehen hätten! Eine Granate hatte ihm den Kopf weggerissen, das Gehirn haben wir buchstäblich mit dem Spaten zusammengekratzt... Auf den Wagen, auf denen das Essen abends herausgefahren wird, bringen sie dann diese blutigen Reste eines stolzen Menschentums zurück.« (KbSt 11.3.1916)

Der 35jährige k.u.k. Oberleutnant Franz Jungbauer schreibt von der Isonzofront: »Ich denke, die hervorragendste Eigenschaft aller, die zurückzukommen das Glück haben, wird eine ausgesprochene Gleichgültigkeit sein. Wenn man diesen Seelenzustand bisher nie gekannt hätte, in diesem Kriege hätte er geboren werden müssen. Ohne ihn müßte man zugrunde gehen.« (17.4.1916) Damit sagt er nach langer Erfahrung, daß die Sterberate bei den »Gefühllosen« deutlich geringer sei.

Daß diese Gefühle bei Soldaten aller Nationen gleich sind, bestätigt der französische Soldat Étienne Tanty: »Wir verkommen zu Tieren; ich fühle es bei den anderen, ich fühle es bei mir; ich werde gleichgültig, schal, ich irre ziellos umher, ich laufe herum, ich weiß nicht, was ich tue.« Beim Appell seien Briefe deutscher Gefangener verlesen worden: »Sie schreiben das gleiche wie wir: Das Unglück, die vergebliche Hoffnung auf Frieden, die ungeheure Dummheit all dieser Dinge. Diese unglücklichen Boches sind wie wir! Sie sind wie wir, und das Unglück ist für alle gleich.« (DF 28.1.1915)

Jahreswechsel

Der 23jährige Jurastudent Hugo Müller feiert Weihnachten im Unterstand vor Armentières gemeinsam mit seinem Burschen. Es gibt Tannenzweige, angezündete Lichter und etwas zu essen: »Selbst die Mäuse und Ratten haben an diesem Feste teilgenommen und mitgeknabbert an den Stollenbröckchen und an der Aalhaut. Das geht nun einmal nicht anders hier draußen, da will jedes sein Teil und Teilchen haben, und es herrscht hier beinahe altchristlicher Kommunismus, der das Teilen mit seinem Nebenmenschen als eine der ersten Tugenden befiehlt. Und das ist auch gut so, denn fast täglich und stündlich wird uns hier das Märchen vom Besitz, den die Motten zerfressen oder die lachenden Erben an sich reißen, zur grausigen Wahrheit. Noch zittert in mir die Aufregung vom gestrigen Nachmittag, an dem die Engländer unseren Graben mit Schrapnells und Gewehrgranaten überschütteten. Mehr als eine Wasserlache war purpurrot gefärbt vom Bluten der zu Tode Getroffenen, und ich mußte an die alten Heldensagen denken, wo die Krieger durch das Blut der Erschlagenen wateten, als ich während meiner Dienstzeit von 3 bis 6 Uhr durch die Gräben patrouillierte, immer das bange Gefühl im Herzen: jetzt erwischt's auch dich.« (KbSt)

Das Gedicht des jungen Soldaten Walter Heymann »Die Ausziehenden« schließt mit den Versen:

»Wo aber steht geschrieben, frag' ich,
daß von allen
Ich übrig bleiben soll, ein anderer
für mich fallen?
Wer immer von Euch fällt,
er stirbt gewiß für mich.
Und ich soll übrig bleiben?
Warum denn ich?«

Heymann fiel, kurz nachdem er dieses Gedicht geschrieben hatte, bei Soissons.

K. u. k. Idylle mit Kaiserbild und Tannenbaum und dem Gruß: »Nochmals viele süsse Busserln meinem braven Frauerl!«

Andacht und Elend im Feldlazarett zur Musik der Ziehharmonika.

Das neue Jahr soll die Entscheidung an der Westfront bringen.
Die Münchner »Jugend« drückt diese Zuversicht mit dem Titelbild aus:
»Die Wacht am Rhein«.

Drohgebärden

Mit allen verfügbaren Mitteln einer aufwendigen Propagandamaschinerie – Flugblättern, Filmen, Zeitungen, Plakaten, Karten – hetzen die kriegführenden Länder gegen die Feinde.

Was die Organisation und die Effizienz der Propaganda betrifft, bestehen jedoch gewaltige Unterschiede.

Simpel und wirksam ist die Methode der Italiener, aber auch der (Exil-)Tschechen und anderer nach Unabhängigkeit strebender Völker der Donaumonarchie: Sie drucken einfach jene vom k.u.k. Staat zur Abschreckung ausgegebenen Photokarten hingerichteter Deserteure ab. Diese werden nun als nationale Märtyrer und Patrioten präsentiert, und man prangert mit ihnen die Grausamkeit des »Völkerkerkers« an. Als Beispiel sei auf die Massenwirkung der Photos des toten Cesare Battisti hingewiesen (s. S. 189).

Fünf Entente-Mächte verteidigen sich gegen einen riesigen Drachen, der auf dem Kopf eine preußische Pickelhaube und ein k.u.k. Tschako trägt. Er setzt mit bluttriefenden Pranken und doppelter Zunge aus einem blutigen Meer zum Angriff auf das Land – England – an. Die Botschaft des Bildes ist, daß es bei der Abwehr dieses Ungeheuers um nicht weniger als einen Überlebenskampf geht. Diese Karikatur ist typisch für die sehr aggressive Art der zentral geleiteten englischen Propaganda.

Während die englische Propaganda zentral und sehr aggressiv und wirksam geführt wird, bringen in Deutschland wie in Österreich-Ungarn viele Organisationen und Drucker je nach Geschmack das auf den Markt, was sich gut verkauft und im Einklang mit der staatlichen Zensur ist. Kein Wunder, daß dabei kräftig in den Kitschtopf gegriffen wird und Herz-Schmerz-Motive und die Lobpreisung der eigenen Nation überwiegen. Der Propagandawert ist gering.

Es ist der Kriegsteilnehmer Adolf Hitler, der später in »Mein Kampf« die deutsche Propaganda als wirkungslos, ja schädlich verdammt und die »unerhörte Geschicklichkeit und wahrhaft geniale Berechnung« der englischen preist, aus der er »unendlich gelernt« habe: Die Engländer hätten die gezielte, in wenigen einfachen Parolen ständig wiederholte »Greuelpropaganda» gegen die Deutschen (»Hunnen«, »Barbaren«) als »wahrhaft fürchterliche« Waffe gehandhabt und so zur Niederlage der Deutschen entscheidend beigetragen.

In dieser »Vision des Kaisers« wird Napoleon am Ende seiner Macht einsam auf dem Schlachtfeld präsentiert, inmitten der Skelette seiner gefallenen Soldaten, also quasi ein Memento mori an die bisher sieglosen Franzosen.

»A Berlin« zeigt einen französischen Offizier, der an der Spitze seiner Truppe in die deutsche Gefangenschaft, »nach Berlin«, geführt wird.

Verdun

Im Februar 1916 beginnt die deutsche Offensive mit einem Großaufgebot von Truppen und Kriegsmaterial auf die immer noch nicht eingenommene französische Festung Verdun. Hauptziel ist, die Franzosen endlich durch hohe Verluste so zu »erschöpfen«, zu »zermahlen« oder »auszubluten«, daß sie zur Aufgabe gezwungen sind. Das Schlachten dauert bis in den frühen Herbst und kostet mehr als 700 000 Soldaten das Leben – etwa gleich viele Franzosen wie Deutsche. Unter den Toten ist auch der Maler Franz Marc, der zwei Jahre nach seinem Freund August Macke fällt.

Käthe Kollwitz erhält von den Kameraden ihres gefallenen Sohnes eine Schreckensnachricht nach der anderen: »Hoyers schrecklicher Brief. Sein liebster Kamerad ist schwer verwundet, beide Arme sind ihm abgerissen, mehrere andere tot. Er schreibt, hätte er noch eine Mutter, so würde er sie bitten, daß sie für ihn betet.« (9.7.1916) Dann

Die Franzosen demonstrieren mit solchen Propagandakarten ihre Entschlossenheit, die Deutschen vor der Festung Verdun zum »Dort ist Halt!« zu zwingen. Viele Monate lang ringen die Deutschen vergeblich um Verdun. Hunderttausende junge Männer aller Nationen verbluten hier.

Eine französische Trägerkolonne transportiert mühsam Kriegsmaterial an die Front, da Feldbahnen in dem unter schwerem Beschuß liegenden Kampfgebiet nicht eingesetzt werden können. Was auf diesem deutschen Bild nicht gezeigt wird, ist die andere Seite: Die Deutschen müssen ihre Materialmassen von weit her aus Deutschland nach Verdun bringen und sind durch die längeren Anmarschwege und die schlecht funktionierende Truppenverpflegung weit mehr belastet als die Franzosen.

muß Käthe Kollwitz ihren älteren und nun einzigen Sohn Hans zum Abschied an den Bahnhof begleiten: »Die Soldaten haben sich in ihren Wagen 4. und 3. Klasse eingerichtet, fangen drin an zu singen: ›Und seh ich die Heimat nicht mehr wieder – hurra!‹« (18.7.1916)

Im Juni 1916, als die britische Gegenoffensive an der Somme einsetzt, werden viele deutsche Kämpfer aus Verdun abgezogen. Das mühsam eroberte Fort Douaumont geht dadurch wieder verloren. Die Franzosen feiern die Schlacht bei Verdun als großen Sieg ihrer Widerstandskraft.

Unter den nachrückenden französischen Truppen ist im September auch der Bäckermeister René Jacob, der von einer Hochebene zum erstenmal auf das Schlachtfeld sieht: »Als würde man einen Theatervorhang vor uns lüften, erschien vor uns das Schlachtfeld mit all seinem Grauen. Leichname von Deutschen am Rand der Landstraße. In den Senken und Feldern schwärzliche, grünliche zerfallene Leichname, um die herum unter der Septembersonne Mückenschwärme schwirren: Menschliche Leichname in merkwürdiger Haltung, die Knie in die Luft gestreckt oder einen Arm an die Böschung des Laufgrabens gelehnt; Pferdekadaver, was noch schmerzlicher als menschliche Leichname ist, mit auf dem Boden verstreuten Gedärmen; Leichname, die man mit Kalk oder Stroh, Erde oder Sand bedeckt, die man verbrennt oder begräbt. Ein schrecklicher Geruch, ein Beinhausgeruch steigt aus dieser Verwesung hervor. Er packt uns an der Kehle, und für viele Stunden wird er nicht ablassen. Gerade, als ich diese Zeilen schreibe, fühle ich ihn noch um mich, was mir das Herz zuschnürt. Vergeblich bemüht sich der in Böen über die Ebene wehende Wind, all dies wegzufegen. Es gelang ihm, die Rauchwirbel zu vertreiben, die von diesen brennenden Stapeln aufstiegen; aber er vermochte nicht den Geruch des Todes zu vertreiben.« (DF) René Jacob fiel bald darauf bei Verdun.

Deutsche Artillerie im Angriff auf die Festung Verdun.

Eines von Hunderttausenden Sterbebildern von Verdun.

Nun ist abgelöst die Wacht am Rhein,
Du gingst zum ewigen Frieden ein;
Tapfrer Krieger! Guter Sohn!
Steh nun Wacht an Gottes Thron!

Dem Auge fern,
dem Herzen ewig nah.

†

Zur frommen Erinnerung im Gebete
an den ehr- u. tugendsamen Jüngling

Klemens Stückl,

Oekonomenssohn,
Soldat beim 3. Inf.-Rgt. 2. Komp.,
geb. am 6. Juni 1894 zu Rettenbach, den Heldentod fürs Vaterland gestorben am 25. April 1916 vor Verdun.

O, Eltern und Geschwister mein
Ich kehre nicht mehr zu Euch heim
Mein letzter Gedanke, letzter Blick
Eilte noch zu Euch zurück.
Als ich starb im Feindesland
Reichte niemand mir die Hand
Doch eh mein Auge war gebrochen
Sah ich schon den Himmel offen.

Mein Jesus Barmherzigkeit!
100 Tage Ablaß.

Barmherzigster Jesus, gib ihm die ewige Ruhe!
7 Jahre Ablaß.

Druck von W. Meiler Kaufbeuren.

Flieger als Helden

In Verdun setzen die Franzosen 1916 nicht mehr wie früher nur Einzelflugzeuge ein, sondern erstmals ganze Kampfgeschwader, die gemeinsam und sehr erfolgreich agieren. Zur Luftüberwachung sind die Maschinen mit Kameras ausgerüstet, können somit die aktuelle feindliche Stellung aus der Luft beobachten und die Informationen per Funk an die eigenen Truppen weitergeben. Das ist ein überraschender Schlag gegen die deutsche Armee, die über eine solche Aufklärungstechnik nicht verfügt. Die deutsche Industrie braucht Monate, um die eigene Luftwaffe entsprechend aufzurüsten.

In nur zwei Kriegsjahren hat damit die Flugtechnik schier unglaubliche Fortschritte gemacht. 1914 wurden noch vor allem Zeppeline und Ballons eingesetzt, einerseits zur Luftüberwachung, anderer-

Der Flieger.

Die Piloten sind der Stolz jeder Kriegsnation und der Schwarm der Frauen. Mit Abstand folgen die U-Boot-Offiziere.

Mit einem feschen Piloten wird erfolgreich für die Zeichnung von Kriegsanleihen geworben.

Deutsche und französische »Aviatiker« im Duell über Paris, eine Szene von 1914/15.

Mittelalter und Technikzeitalter treffen hier zusammen: Bürger aus Montenegro bestaunen im Herbst 1914 das Auftauchen eines Fliegers.

seits, um Bomben über Städten abzuwerfen wie in Belgien. Die erzielten Zerstörungen sind jedoch mäßig, die riesigen Fluggeräte extrem abschußgefährdet.

Auch die noch kleinen und leichten Flugzeuge sind zunächst lediglich für die Aufklärung zuständig. Aber die Piloten versuchen sich bald, von Schaulustigen vom Boden aus aufgeregt beobachtet, an wahren Zweikämpfen mit dem Gegner in der Luft, wobei sie als Waffen zunächst nur Pistolen verwenden, später dann Maschinengewehre.

In einem verbissenen Wettrüsten investieren alle großen kriegführenden Staaten Milliarden in die rasche Weiterentwicklung der Luftwaffe, um die jeweils anderen mit ungekannten Neuerungen zu übertreffen.

Tiefe Trauer löst der Tod des vielbewunderten 25jährigen Max Immelmann aus, des »Adlers von Lille« und Träger des Ordens »Pour le mérite«. Er ist einer der fähigsten deutschen Kampfflieger und entwickelt statt der bisher üblichen Einzelflüge das System der Jagdstaffeln. Nach 15 Luftsiegen stürzt er am 18. Juni 1916 über Douai angeblich wegen eines Flügelbruchs tödlich ab. In Wirklichkeit wurde er von der eigenen Artillerie versehentlich abgeschossen, eine Nachricht, die von der Zensur unterdrückt wurde. Der neue Star ist nun Manfred von Richthofen, der am 21. April 1918 durch feindlichen Beschuß fällt.

Nachrichtentechnik

Gerade in der Nachrichtentechnik zeigt sich, wie zwischen 1914 und 1918 die alte von der neuen Zeit abgelöst wird. Da aber trotz aller Bemühungen das Neue noch nicht krisensicher ist, greift man immer wieder auf das Alte zurück. So sind immer noch Brieftauben zur Nachrichtenübermittlung im Einsatz, zumal sie sich überraschend als resistent gegen Giftgas erweisen. Auch Meldehunde sind weiterhin im Einsatz – und natürlich alle Arten von Lichtsignalen. Und wenn alle Telephonleitungen zerstört sind, greift man auf Meldegänger zurück, die sich je nach Gelände bereits eines Fahrrads, Motorrads oder Autos bedienen.

Ausgereifter als das neue Telephon ist die Telegraphie, deren Nachrichten aber erst umständlich und mühsam ver- und entschlüsselt werden müssen und bestens ausgebildete Morsespezialisten verlangen. Telephone sind sehr viel einfacher zu bedienen und erleichtern

Soldaten transportieren Brieftauben in Körben an ihre Einsatzorte. Von dort sollen die Tauben mit Nachrichten in die Ausgangsstellung zurückfliegen. Manchmal werden sie sogar in mit Fallschirmen versehenen Käfigen von Flugzeugen über der eigenen Front abgeworfen, um rasch Meldungen zurückzubringen.

K. u. k. Telegraphentruppen beim Verlegen der Leitungen.

Einsatz des Telephons an der Front. Durch die nötigen Kabel, die sehr rasch zerstört werden können, bleibt es oft nur kurz funktionstüchtig.

die rasche Kommunikation erheblich. Die Telephonkabel müssen im Schützengraben aber etwa zwei Meter tief eingegraben werden und werden gerade an der Front, wo das Telephon am dringendsten benötigt wird, durch feindliche Artillerie häufig zerstört.

Auch an der Entwicklung fahrbarer Funkstationen wird gearbeitet, deren Reichweite aber noch gering ist. Die Amerikaner werden 1917 mit einer leistungsfähigen Funktechnik in den Krieg eintreten, der die Mittelmächte nichts entgegensetzen können.

In den besetzten Ländern verhindern die Deutschen jede Art von drahtloser Nachrichtenübermittlung. So dürfen die Belgier keine Brieftauben halten und keine Kirchenglocken läuten. Über die Südtirol-Offensive berichtet Walther Hamann: »Für die Auffindung einer vermutlichen Verbindung mit dem Feind durch drahtlose Telegraphie sind 10 000 Kronen ausgesetzt.« (5.5.1916)

Telephonisten hinter der galizischen Front. Solche Zentralen verbinden die vordersten Horchposten und Schützengräben mit den höheren Stäben hinter der Front.

Hektisch wird an der Entwicklung eines tragbaren Telephons gearbeitet – und das Ergebnis auch stolz präsentiert. Aber da die Telephonkabel stets mitgeschleppt werden müssen, ist die Reichweite dieses »Handys« sehr begrenzt.

Auch Zivilisten profitieren vom forcierten Fortschritt beim Heer.

Türkei im Jubel

Nach dem Sieg von Gallipoli bei den Dardanellen im Januar 1916 erobern Türken und Deutsche im April in Mesopotamien die Festung Kut el-Amara zwischen Bagdad und Basra zurück. Englische Truppen hatten sie Ende 1915 mit rund 12 000 Soldaten erobert, wurden aber von türkischen und deutschen Truppen eingeschlossen und belagert. Nach fünf Monaten müssen die Belagerten, von Hunger und Krankheiten geschwächt, nach mehreren gescheiterten Befreiungsversuchen aufgeben und kommen in türkische Gefangenschaft.

Kaum etwas steht in den Zeitungen jedoch über die Kaukasusfront: Dort weichen die Türken stetig vor den Russen zurück – zur Erleichterung jener christlichen Armenier, die die Massaker von 1915 überlebten. Unter der Anschuldigung, daß die christliche Minderheit in Armenien mit den Russen kollaboriere und bewaffnete Aufstände plane, hatten die Türken Hunderttausende armenische Christen ermordet. Die Todesarten waren vielfältig: Die Opfer wurden in Scheu-

Siegesfahnen für die von den Türken zurückeroberte Festung Kut el-Amara bei Bagdad wehen nicht nur in Konstantinopel, sondern auch in Wien und Berlin. Käthe Kollwitz am 30. April 1916, einem Sonntag: »Wunderschönes Wetter. Fahnen wegen Kut el Amara … Fahnen und Wetter täuschen Friedensnähe vor. Furchtbar, daß immer noch Krieg ist.« Denn auch dieser Sieg bringt nicht die entscheidende Wende.

Die Türken feiern im Januar 1916 einen großen Sieg: Nach einjährigem Kampf zwingen sie mit deutscher Hilfe die englisch-französischen Truppen zur Räumung der Halbinsel Gallipoli. Das Ringen um die Dardanellen ist damit vorerst entschieden. Konstantinopel ist im Freudenrausch. (Simplicissimus)

nen zusammengetrieben, die dann in Brand gesteckt wurden. Zigtausende allein wurden ohne Wasser und Proviant in langen Fußmärschen in die Syrische Wüste »umgesiedelt«, wo sie verhungerten und verdursteten. Viele Frauen wurden mißbraucht, gequält und erst nach langen Martern ermordet.

Das alles bleibt ein Geheimnis, da die Mittelmächte den türkischen Bundesgenossen mit Hilfe der Pressezensur schützen. Erst nach 1918 kommen allmählich Einzelheiten ans Tageslicht. Der Massenmord an den christlichen Armeniern ist heute noch nicht wissenschaftlich aufgearbeitet. Die nur zu schätzenden Opferzahlen bewegen sich zwischen 300 000 und mehr als 1,5 Millionen.

Verräter und Spione

Viele Kriegsteilnehmer oder -beobachter an der Ostfront berichten von öffentlichen Hinrichtungen von »Verrätern«. Meist handelt es sich dabei um k. u. k. Slawen, die der Kollaboration mit den Russen beschuldigt werden. Walther Hamann berichtet über den galizischen Ort Stroze: »Zivilbevölkerung wird strengstens überwacht, jeder sich nächst den Stellungen befindlicher Bauer sofort erschossen, falls er sich ohne Erlaubnisschein außerhalb seiner Wohnung zeigt. Dem Pfarrer, der in Stroze Besorgungen machen wollte, wurde eine Patrouille von 4 Mann mitgegeben.« (30.1.1915)

Manès Sperber berichtet über Galizien: »Auf ihrem Rückzug bestrafte die k. u. k. Armee den Verrat, indem sie ruthenische Popen und Dorflehrer wegen unbewiesener Spionage henkte.« Schnitzler erwähnt das besondere Mißtrauen gegen die Juden: »Rittmeister Hussarek (Bruder des Ministers), der morgens zwei Popen hängen läßt …

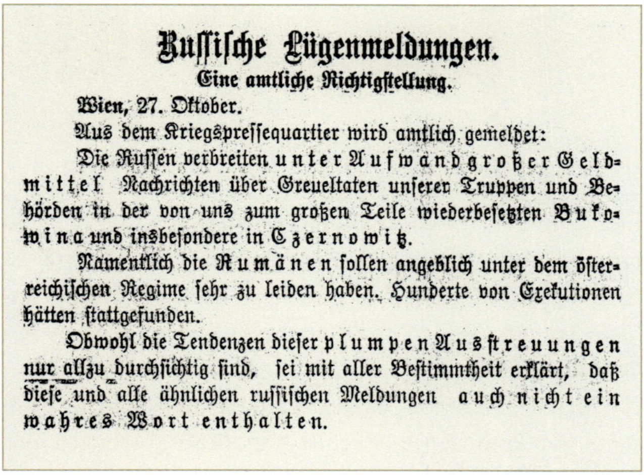
Russische Lügenmeldungen.

Eine amtliche Richtigstellung.

Wien, 27. Oktober.

Aus dem Kriegspressequartier wird amtlich gemeldet:

Die Russen verbreiten unter Aufwand großer Geldmittel Nachrichten über Greueltaten unserer Truppen und Behörden in der von uns zum großen Teile wiederbesetzten Bukowina und insbesondere in Czernowitz.

Namentlich die Rumänen sollen angeblich unter dem österreichischen Regime sehr zu leiden haben. Hunderte von Exekutionen hätten stattgefunden.

Obwohl die Tendenzen dieser plumpen Ausstreuungen nur allzu durchsichtig sind, sei mit aller Bestimmtheit erklärt, daß diese und alle ähnlichen russischen Meldungen auch nicht ein wahres Wort enthalten.

1914 noch bemüht sich die k. u. k. Regierung, Gerüchte über Hinrichtungen an der Balkan- und Galizienfront zu dementieren. Bald aber finden Exekutionen – zur Abschreckung – öffentlich auf den Marktplätzen statt. Photos der Opfer werden als Ansichtskarten offen verschickt.

Dieses Photo stammt aus Grybow in Galizien und ist laut Augenzeuge Walther Hamann auf den 3. Januar 1915 zu datieren: »Überhaupt Gegensätze gibt's und Eigenartiges! Da hat man z. B. einem Gasglühlichtkandelaber die Lampe abgenommen. Vermittelst der Aufziehvorrichtung für diese hat man gestern einen feinen Herrn mit breeches und Manschetten hochgezogen und eine Tafel dazu gestellt: ›Strafe wegen Landesverrat‹ in drei Sprachen. Davor stehen Offiziere mit Kodaks und knipsen.«
(13. 1. 1915)

wegen Verrats (Zeichen durch Kirchenglocken –) und abends sagt: ... Ja, unser Malheur – die Juden! Die verraten alles!« (17.9.1914)

Heinrich Benedikt, junger k.u.k. Offizier bei der Nachrichtenabteilung des Armee-Oberkommandos in Przemyśl, sieht gleich bei seinem ersten Stadtrundgang »eine Gruppe ruthenischer Bauern – vielleicht war auch ein Pope darunter –, die zum Galgen geführt wurden. Die bereits verklärten Gesichter werde ich nie vergessen.« Kurz darauf besucht er eine hohe Dienststelle in einem Schloß bei Nisko: »Eine Baumreihe führte dorthin, und an den Bäumen hing noch ein Dutzend Gehenkter. Bei diesem Anblick muß einem vor dem Wüten der Militärjustiz schaudern.« Und: »Es gab ... einige als Auditor dienende Reserveoffiziere, die hofften, durch recht viele Verurteilungen eine Auszeichnung zu verdienen.«

Die deutsche Propaganda bemüht sich zu zeigen, daß auch die Engländer mit »Verrätern« und »Spionen« nicht zimperlich umgehen – wie mit dem irischen Freiheitskämpfer Roger David Casement. Er schließt sich 1914 Deutschland an, wird bei der Rückkehr nach Irland von den Engländern gefangengenommen und im August 1916 wegen Hochverrats in London gehängt.

Tschechischer Untertitel (Bild rechts): »Großes Gemetzel in serbischen Dörfern«. Schnitzler beschreibt ein ähnliches Photo: »Die aneinandergefesselten Serben am Abgrund hin, einer den andern, gestürzten, mitschleppend. – Graun über Graun, Unrecht über Unrecht; Wahnsinn über Wahnsinn!« Auch er zweifelt an der Rechtmäßigkeit der Hinrichtungen: »Photographien, darunter die Deserteure, die erschossen werden. Warens wirklich welche? – Es kommt schon vor, daß die Untersuchung nicht ganz genau geführt wird – ›Man statuirt gern Exempel.‹« (6.10.1915)

Französische Karikatur nach der Hinrichtung (Erschießung) der englischen Krankenschwester Edith Cavell am 12. Oktober 1915 im besetzten Brüssel. Miss Cavell hatte Belgiern bei der Flucht ins neutrale Holland geholfen. Sie wird zur weltweit berühmten Märtyrerin. Propagandakarten wie diese, die Wilhelm II. als Schwein und Mörder darstellen, bestärken vor allem die Engländer in ihrem Engagement für den Krieg.

Strafexpedition gegen Italien

In bisher fünf Isonzoschlachten gelingt es den Italienern nicht, die k.u.k. Front zu durchbrechen und nach Görz vorzustoßen. Nun will Conrad von Hötzendorf bei Jahresbeginn 1916 mit einer überraschenden Offensive die Italiener von Südtirol aus im Rücken der Isonzofront angreifen und zur Kapitulation zwingen, um Italien endlich seine gerechte Strafe für den »Verrat« am Bündnispartner zu verabreichen. Doch die geheimen Planungen ziehen sich in die Länge. Die hohen Militärs streiten über Kompetenzen. Außerdem muß der 28jährige Thronfolger Erzherzog Karl als einer der Heerführer eingesetzt werden, um Popularität zu gewinnen. Conrad verweigert ihm das lange angesichts all der Probleme, die der unerfahrene junge »hohe Herr« den Militärs macht, selbst wenn er keine Entscheidungen trifft. Überdies sind Conrads Planungen, die er im über 1000 Kilometer entfernten Armeeoberkommando in Teschen macht, sichtlich am grünen Tisch konzipiert und in einem Winterkrieg im Hochgebirge nicht realisierbar. So ist der nötige Transport von tonnenschweren Mörsern und anderem Kriegsgerät auf schlechten Gebirgsstraßen bei fünf Meter hohem Schnee und Lawinengefahr nicht möglich.

Im März 1916 kommt endlich der Aufmarsch der Truppen in Gang. Walther Hamann beschreibt in Trient »ununterbrochene Kolonnen. Schwere Artillerie ..., Train, Infanterie, Gebirgsartillerie usw. Fortwährende Bewegung, erwartungvolle Unruhe. Seitab auf den Wiesen in den Weingärten, die es schon längst nicht mehr sind, ungeheure Heu- und Strohlager, Munitionsbaracken, Pferdeställe, endlose Reihen von Trainwagen, großen und kleinen Karren und dann wieder Pferde und immer wieder Pferde, denen man aber die Strapazen der serbischen Straßen oder der polnischen Sümpfe noch recht wohl anzusehen vermag.« (23.3.1916) Zur Verstärkung hat Conrad nämlich einige Divisionen aus Galizien und Serbien nach Südtirol verlegt.

Während des wochenlangen Wartens auf den Einsatzbefehl werden die Truppen immer nervöser. Von Geheimhaltung kann keine Rede mehr sein, so Hamann: »Warum gibt man dem Gegner Zeit,

Geschütztransport im Hochgebirge.

durch Konfidenten, Flugzeuge usw. genaue Erkundigungen über den vollendeten Aufmarsch einzuholen … Die Italiener sollen, wie Überläufer, Gefangene usw. berichten, über unsere ordre de bataille ebenso gut unterrichtet sein wie wir selbst. Warum zögern wir, warum?« (20.4.1916) Aber die Offensive wird wieder verschoben, diesmal mit Hinweis auf Verräter.

Erst am 14. Mai kommt der Befehl zum Angriff. Am 19. Mai notiert Hamann große Erfolge: »Neue Truppen werden unausgesetzt nach vorn geschoben.« Und: »Lange Kolonnen durchziehen singend die Stadt gegen Süden, dem Feind entgegen. Zurück kommen lange Züge mit Verwundeten und Gefangenen.« Und am 24. Mai »ziehen wir hinter den Klängen der Wacht am Rhein … durch das fruchtbare Tal in Levico ein«.

Während der Jubelmeldungen kommen am 4. Juni unerwartet die Russen den bedrängten Italienern zu Hilfe: General Alexei Brussilow stößt mit seiner »russischen Dampfwalze« in Galizien und der Bukowina über die k. u. k. Grenzen nach Westen vor, riesige Flüchtlingsscharen vor sich hertreibend. Im Raum von Luzk wird die 4. k. u. k. Armee innerhalb von vier Tagen von den Russen zerschlagen. Es ist dies der größte Sieg, den die Russen in diesem Krieg erkämpfen. Die Offensive in Südtirol muß abgebrochen werden. Erst im August wird mit deutscher Hilfe die Ostfront stabilisiert.

Die Italiener haben inzwischen neuen Mut gefaßt, bereiten sich auf die sechste Isonzoschlacht vor und erobern Anfang August die Stadt Görz.

Die Sanitäter müssen Verwundete mühevoll vom Gletscher ins Tal tragen. Die Verluste sind sehr hoch.

Nach dem Abbruch der Südtirol-Offensive statuieren die k. u. k. Militärgerichte am 13. Juli 1916 ein Exempel: Cesare Battisti, der ehemalige Abgeordnete des k. u. k. Reichsrats und prominente Journalist und Sozialdemokrat, wird in Trient öffentlich exekutiert. Battisti, Reserveoffizier der k. u. k. Armee, setzte sich 1914 nach Italien ab und kämpfte auf italienischer Seite gegen Österreich-Ungarn. Als er im Herbst 1915 in Gefangenschaft gerät, wird er als Deserteur und Hochverräter zum Tod verurteilt. Zur Abschreckung verbreiten die Behörden Photos von Battistis Gang zur Hinrichtung und sogar von seiner Leiche, die dem Photographen von grinsenden Männern präsentiert wird. Die Italiener, die Battisti als Freiheitskämpfer und Patrioten verehren, benutzen ebendiese Photos als Propaganda gegen den k. u. k. Staat.

Somme

Während der Kämpfe bei Verdun und an der Ostfront beginnt die Entente am 1. Juli 1916 eine Gegenoffensive an der Somme, von den Engländern »the great sweep« genannt, »das große Auskehren«. Bisher unvorstellbare Mengen von Kriegsmaterial werden in die Schlacht geworfen. Allein am ersten Tag fallen fast 20 000 Franzosen und Engländer. Auch die deutschen Verluste sind sehr hoch. Viktor Walther, der drei Söhne im Feld hat, notiert am 9. Juli verzagt: »Bei Verdun keine Fortschritte und an der Somme setzte die gewaltige Offensive der Engländer ein und eroberten in einer Woche 17 Dörfer. Das gibt zu denken.«

Aber die Angreifer schaffen den Durchbruch nicht. Auch diese Schlacht zieht sich in immer neuen vergeblichen Vorstößen über Monate hin, bis das zerwühlte, schlammige Terrain im Herbst jeden weiteren Kampf unmöglich macht.

Letzte telegraphische Depeschen.
(Nach Schluß der Redaktion eingetroffen.)

Die erbitterten Kämpfe an der Somme.
Das bisherige Resultat der feindlichen Offensive. — 230000 Mann englische Verluste.
Der deutsche Generalstab meldet:

Am 2. August 1916 bringen die deutschen Zeitungen Verlustzahlen des ersten Monats an der Somme. Demnach hätten die Engländer und Franzosen 350 000 Mann verloren (Tote, Gefangene, Verwundete) und seien nur 28 Kilometer vorangekommen, »während der unsrige [Verlust], so beklagenswert er bleibt, zahlenmäßig hiermit überhaupt nicht zu vergleichen ist«. Zahlen werden wohlweislich nicht genannt. Die Deutschen verlieren jedenfalls an der Somme insgesamt rund 500 000, die Briten knapp 420 000, die Franzosen mehr als 200 000 Mann.

Weite Landstriche und viele Dörfer in Nordfrankreich und Belgien sind inzwischen zu Trümmerlandschaften geworden.

Unter den an der Somme Gefallenen ist auch der 39jährige Maurer Robert Pöhland aus Bremen, Vater von fünf Kindern. Tochter Klärchen: »Es war eine Granate beim Vater. Sie hat ihm den Kopf abgerissen.« Die Mutter habe »die ganze Straße zusammengeschrien, als sie die Nachricht kriegte, geschrien und geschrien – das ist mir nie aus den Ohren gegangen«.

Der 20jährige Vizefeldwebel Joachim Beutler schreibt am 21. September: »Fünf Tage keinen warmen Bissen, ein brennender Durst, dazu Regen, daß man die Stiefel verliert und barfuß in dem alten Schlamm läuft. Man versinkt bis an die Oberschenkel, Unterhosen und Hosen sind mit dicker Schlammkruste überzogen. Dazu unaufhörlich Granaten, Schrapnells, schreckliche Zentnerminen, die den Menschen verschütten oder turmhoch in die Luft werfen, Handgranaten. Das ist hier das Schlachten. Tote und Verwundete, gefallene Pferde kennzeichnen die grausige Marshand, die Schützengräben sind verschüttet und sehen Kartoffelfurchen ähnlich. Dazu kreisen stets 15 feindliche Flieger in der Luft, die das feindliche Feuer mit unbegreiflicher Genauigkeit auf uns lenken, und 20 Fesselballons, die uns beobachten ... Habt keine Angst meinetwegen! Es ist alles überstanden.« Beutler fiel am 18. November 1917 in Flandern. (KbJ)

Die Deutschen verhöhnen die angebliche Schwäche der Engländer wie der Franzosen und prophezeien ihnen eine Niederlage, wie auch in dieser Karikatur: Der britische Offizier, vor sich einen ohnmächtigen oder toten Franzosen, peitscht ein Pferdegerippe zum Kampf an. Dieses verstrickt sich im dichten Drahtverhau vor den deutschen Schützengräben. (Simplicissimus)

Die große Offensive

(Th. Th. Heine)

Hindenburg

Nach zwei Jahren Krieg herrscht Hoffnungslosigkeit, auch bei Käthe Kollwitz: »Nun dauert der Krieg zwei Jahre, und 5 Millionen junge Männer sind tot und mehr als noch einmal so viele Millionen Menschen sind unglücklich geworden und zerstört. Gibt es noch irgend etwas was das rechtfertigt?« (27.8.1916) Der Bauer Viktor Walther spricht das zentrale Problem an, warum es nicht gelingt, den Krieg zu beenden: »Wer hat nun gesiegt, zum Schluß: Kein Staat der Welt will nun zugeben, daß er besiegt ist, solange er nicht muß. Richtiger: Kein Staat der Welt ist besiegt, solange er nicht zugibt, daß er es ist. Die Besetzung fremden Gebietes ist kein Ziel, sondern ein Mittel des Krieges. Ziel des Krieges ist, den Willen des Gegners zu brechen. Der Wille des Gegners ist aber erst dann gebrochen, wenn er kein Mittel mehr sieht, um den Forderungen der Gegner Widerstand zu leisten.

Die Millionen Toten, Verwundeten und Vermißten des Jahres 1916 – von Verdun, der Somme, vom Isonzo, aus Südtirol, dem Balkan, der Ostfront, dem Nahen und Mittleren Osten – lassen die Menschen zu Bildern wie diesem greifen, die in allem Elend Zuversicht verbreiten sollen.

Alle Titelseiten der Zeitungen bringen am 1. August 1916, dem zweiten Jahrestag des Kriegsbeginns, kaiserliche Botschaften mit dem huldvollen Lob für die Armee wie das »Volk«. Aber die Wirkung ist gering, zumal die Bevölkerung zunehmend Hunger leidet und Angst vor einem Winter ohne Kohlen hat.

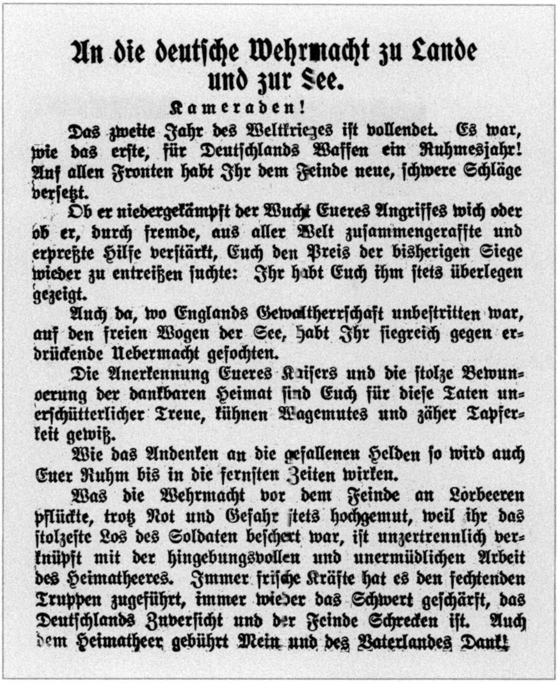

An die deutsche Wehrmacht zu Lande und zur See.

Kameraden!

Das zweite Jahr des Weltkrieges ist vollendet. Es war, wie das erste, für Deutschlands Waffen ein Ruhmesjahr! Auf allen Fronten habt Ihr dem Feinde neue, schwere Schläge versetzt.

Ob er niedergekämpft der Wucht Eueres Angriffes wich oder ob er, durch fremde, aus aller Welt zusammengeraffte und erpreßte Hilfe verstärkt, Euch den Preis der bisherigen Siege wieder zu entreißen suchte: Ihr habt Euch ihm stets überlegen gezeigt.

Auch da, wo Englands Gewaltherrschaft unbestritten war, auf den freien Wogen der See, habt Ihr siegreich gegen erdrückende Uebermacht gefochten.

Die Anerkennung Eueres Kaisers und die stolze Bewunderung der dankbaren Heimat sind Euch für diese Taten unerschütterlicher Treue, kühnen Wagemutes und zäher Tapferkeit gewiß.

Wie das Andenken an die gefallenen Helden so wird auch Euer Ruhm bis in die fernsten Zeiten wirken.

Was die Wehrmacht vor dem Feinde an Lorbeeren pflückte, trotz Not und Gefahr stets hochgemut, weil ihr das stolzeste Los des Soldaten beschert war, ist unzertrennlich verknüpft mit der hingebungsvollen und unermüdlichen Arbeit des Heimatheeres. Immer frische Kräfte hat es den fechtenden Truppen zugeführt, immer wieder das Schwert geschärft, das Deutschlands Zuversicht und der Feinde Schrecken ist. Auch dem Heimatheer gebührt Mein und des Vaterlandes Dank!

Der Gegner muß aller Hilfsmittel beraubt sein und begreifen, daß er es ist. Solange er sich nur noch an eine Illusion klammert, gibt er sich nicht für besiegt. So ist es denkbar, daß ein Staat selbst dann noch nicht Frieden schließt, wenn sein Heer zertrümmert, sein ganzes Gebiet vom Feind besetzt, aber noch die Hoffnung auf Rettung durch wichtige Verbündete übrig geblieben ist.« (9.7.1916) Verzagt kommentiert er den Tod eines Bekannten: »Gut für jeden, der das Kriegsende nicht mehr zu erleben braucht.« (24.9.1916)

In dieser Not wird wieder Hindenburg als Retter gerufen. Am zweiten Jahrestag der Schlacht bei Tannenberg übernimmt er die Oberste Heeresleitung, an seiner Seite wieder Ludendorff. Als Bedingung fordert Hindenburg, niemandem außer dem Kaiser verantwortlich zu sein. Wilhelm II. stimmt zu und gibt dem »Retter« volle militärische, bald auch politische Bewegungsfreiheit.

Nominell ist der Kaiser Oberbefehlshaber, in Wirklichkeit hat er aber seine Macht an Hindenburg (links) abgetreten, der als unerschütterliche Vaterfigur der große Führer wird und praktisch unbeschränkt herrscht. Hinter Hindenburg aber steht Ludendorff, der seine militärischen und politischen Ziele über Hindenburg durchsetzt. Ludendorff (rechts) ist damit, auch wenn die Bevölkerung das nicht erkennt und erkennen soll, der wahre Herr des Deutschen Reiches, das nun praktisch von einer Militärdiktatur regiert wird.
Die neue Führung markiert die große Wende in diesem Krieg, der nun fast zum »totalen Krieg« wird. Am 5. Dezember 1916 tritt das Gesetz über den Vaterländischen Hilfsdienst in Kraft, das jeden männlichen Deutschen von 17 bis 60 Jahren zum Dienst für das Vaterland verpflichtet.
Andere Gesetze ähnlicher Art folgen. (Ludendorffs Buch über den »totalen Krieg« erschien erst 1935, als dieses Thema politisch wieder aktuell wurde.)

Wieder wird Bismarcks Spruch zitiert von den Deutschen, die nichts außer Gott fürchten: Die eiserne Faust des Kriegers schlägt kräftig auf den Block, zum Schrecken der Schlangen und Ungeheuer im Hintergrund. Es geht um den Sieg-Frieden! Die Soldaten reagieren begeistert auf Hindenburgs Berufung, so auch Hans Stegemann, der von der Ostfront nach Hause schreibt: »Hier war großer Jubel darüber, daß Hindenburg ... den Oberbefehl übernommen hat ... Hindenburgs Führung ist für uns alle ein ungemein beruhigendes Gefühl; denn unter ihm ist uns ja nie etwas mißlungen. Die Leute waren derart vergnügt bei der Nachricht, daß ich mich über meine Hanseaten und Mecklenburger und Holsteiner gewundert habe.« (KbSt 4. 8. 1916)

Die Popularität Hindenburgs übertraf ab 1916 bei weitem die des Kaisers.

Der Viererbund – das Deutsche Reich, Österreich-Ungarn, das Osmanische Reich und Bulgarien – stößt nach und nach die Feinde vom Maibaum hinunter. Im Fall Rumäniens stimmt die Botschaft dieser Propaganda.

Rumänien

Am 27. August 1916 erklärt der ehemalige Bündnispartner Rumänien – gegen erhebliche Gebietsversprechungen der Entente – völlig überraschend den Mittelmächten den Krieg und bricht mit seiner Armee und russischer Hilfe ins ungarische Siebenbürgen ein. Schnitzler empfindet nach der Nachricht »Ekel und Zorn«. Viktor Walther sorgt sich: »Die Sache wird immer verwickelter.«

Für die Mittelmächte geht es um viel, nämlich die Herstellung der direkten Landverbindung zum türkischen Bündnispartner, quasi von den Karpaten bis zum Schwarzen Meer. Tatsächlich gelingt es in harten Kämpfen, die Rumänen aus Siebenbürgen zu vertreiben und dann von verschiedenen Fronten aus auf Bukarest vorzustoßen. Dort marschieren die siegreichen Verbündeten gemeinsam am 6. Dezember ein.

Die Zeitungen bringen die Siegesnachrichten in großer Aufmachung und lenken damit von der katastrophalen Lage an der Westfront ab. Paula Hamann schreibt am 29. November stolz an ihren Sohn: »Unser ganzes Interesse wird den Siegen und Fortschritten in Rumänien zugewendet. Es ist ja auch erfreulich, den Siegeszug dort zu verfolgen, und die gerechte Strafe trifft diesen heimtückischen Feind noch allzu mild.« Und am 17. Dezember: »Also ganz drinnen im Feindesland bist Du jetzt u. hattest Gelegenheit, Zeuge des Siegeszuges durch Rumänien zu sein und das muß ja ein schönes Gefühl sein, wenn man auf eroberten fremdem Boden steht. Und immer noch erkennen unsere Feinde unsere Erfolge nicht an und hoffen nach wie vor, uns besiegen zu können, was ihnen aber wohl nicht gelingen wird. Als die Friedensbereitschaft bekannt wurde, war eine sehr gehobene Stimmung, man hoffte doch, daß nun das Ende des Krieges gekommen sei; unsere Feinde wollen es noch nicht, und sie trifft die Schuld an dem vielen Blutvergießen.«

Vor ihrem Rückzug stecken die Rumänen viele Öltanks in Brand und zerstören die Anlagen. So können die Mittelmächte nicht, wie erhofft, die reichen Ölvorkommen sofort nutzen, sondern müssen erst mühsam die Anlagen reparieren.

Die Besetzung Rumäniens bringt nun eine direkte Landverbindung zwischen den Mittelmächten und der Türkei, die gemeinsame militärische Aktionen fortan erheblich erleichtert.
(Liller Kriegszeitung)

Bei ihrem Vormarsch finden die Mittelmächte in Rumänien große Getreidevorräte, die bereits von den Engländern bezahlt, aber noch nicht ausgeliefert sind. Die Karte vermittelt Zuversicht für die Millionen an der Heimatfront, die in diesem Winter hungern.

Die deutsche Front von Ostende bis Bagdad

Einquartierung

In den besetzten Ländern, der Etappe oder auf dem Weg von und zur Front sind die Truppen auf Privatquartiere angewiesen. Die Organisation übernehmen die jeweiligen Quartiermeister oder Offiziere, die wie Hamann die Unterkünfte für die ihnen unterstehenden Männer selbständig aussuchen. Die Quartiergeber erhalten für ihre Leistungen eine Entschädigung, die sich vor allem nach der von ihnen bereitgestellten Verpflegung richtet, aber auch davon abhängt, ob man sich in Feindes- oder Freundesland befindet.

Das Zusammenleben gestaltet sich unterschiedlich. Es kommt zu Übergriffen deutscher Soldaten, zu Plünderungen, aber auch immer wieder zu herzlichen Beziehungen – sogar in Belgien. Für Käthe Kollwitz ist es ein großer Trost, als Kameraden ihres gefallenen Sohnes ihr erzählen: »Sie waren in Einquartierung bei belgischen Leuten, und auf Peter sind die Kinderchen herumgekrochen und er hat mit

Vier Soldaten und die Quartiergeber leben zusammen in einem primitiven Raum, hier dargestellt als Idylle.

ihnen gespielt.« (10.11.1914) Sie notiert auch, »daß französische Soldaten verwundete deutsche schonen, ja ihnen helfen, daß deutsche Soldaten in den Franctireurdörfern an Häusern Aufschriften machen wie: schonen! – wohnt alte Frau – haben mir Gutes erwiesen – nur alte Leute! – Wöchnerin – usw.« (27.8.1914)

Die Verarmung und Ausplünderung der besetzten Gebiete gehen rasch voran. Der Berliner Student Friedrich Schnrey schreibt voll Mitleid über eine Französin mit sechs Kindern, deren Mann seit Wochen vermißt ist: »Aber die Leute tun einem leid, sie haben ja kaum noch ein Stück Wäsche zum Wechseln, geschweige denn etwas zu essen. Nur noch Kartoffeln; und die Frau fragt immer weinend, wie lange sie das noch mit ihren Kindern aushalten soll. Sie jammert über den Krieg: ›il est triste pour nous et pour vous.‹« Der Briefschreiber ist vierzehn Tage später tot. (KbSt 23.10.1914)

Trotz des Krieges kommt es immer wieder zu freundlichen Beziehungen zwischen Soldaten und Quartiergebern, was in vielen solcher Privatphotos dokumentiert ist.

„Requisition."

Die Soldaten in eroberten Ländern »requirieren« nach Kräften. Walther Hamann: »Requirieren – was unsre Gegner nicht unzutreffend mit Plündern übersetzen«. (9.3.1916) Hans Kollwitz schreibt aus Rumänien, »daß auch er requiriert. Vom Plündern der Bulgaren.« Viktor Walther über seinen Sohn Alfred in Rumänien: »Haben alle Tage friedliches Schlachtfest, abwechselnd müssen sie viele Gänse und Hühner schlachten.« Der Vater kommentiert dies mitleidig: »Die armen Bauern dort.« (10.12.1916)

Karten wie diese deuten nur an, was die Soldaten nicht nach Hause berichten: Natürlich kommt es bei dem engen Zusammenleben mit der Einquartierung zu sexuellen Kontakten. Ob sie freilich so freundlich und im gegenseitigen Einverständnis verlaufen, wie die Darstellung hier glauben macht, sei dahingestellt.

Einquartierung.

Der deutsche Soldat sitzt in stallähnlicher Behausung inmitten der sich kratzenden russischen Familie und des Kleinviehs. Die Unterzeile »Russische Kultur« stellt die Feinde als unzivilisierte, primitive Menschen dar.

Diese Karte fanden deutsche Landser beim Vorrücken der Front in einem russischen Unterstand. Die Übersetzung aus dem Ukrainischen laut hinzugefügter Handschrift: »Denn Krieg ist Krieg. Wohin ich geh, dort tröste ich Witwen, Strohwitwen, Waisen und Mädchen – denn Krieg ist Krieg!«

Soldaten und Frauen

Von einem jungen Soldaten erfährt Käthe Kollwitz »aus dem Schützengraben an der Aisne, daß die Soldaten trinken. Zoten reißen, zu den paar Mädchen gehen, die es da noch gibt, die in einem fürchterlich abgenutzten Zustand sind. Ein Besuch soll ein Kommißbrot kosten.« (29.5.1915) Die unkontrollierte Prostitution gefährdet die Truppen, wie auch Walther Hamann über die in Trient lustwandelnden »Ungarinnen« meint: »Die dem Verkehr mit diesen entspringende Verlustziffer unsres Heeres durch Erkrankungen soll denn auch sehr bedeutend sein und betrifft Mannschaft und Offiziere im gleichen Maß.« (28.4.1916)

Schnitzler notiert nach einem Gespräch mit einem Arzt »über die Razzia in Budapest – die ungeheure Syphilis Verseuchung«. (24.12.1915)

Appelle zur sexuellen Enthaltsamkeit haben in keiner der am Krieg beteiligten Armeen Erfolg.

Um der Ansteckungsgefahr zu begegnen, dulden die deutsche wie die französische Armee Bordelle, die strengstens kontrolliert und reglementiert sind. Das Ehepaar Kollwitz erfährt, »daß die Soldaten sektionsweise zu den Mädchen zugelassen werden«. (19.2.1918) Tatsächlich stellen sich die willigen Mannschaften in Reihen auf, werden von einem Sanitäter am Geschlechtsteil kurz nach äußeren Merkmalen einer Infektion untersucht, mit Präservativen und Salben versorgt und für zehn Minuten zu einem der Mädchen gelassen, dann wieder mit desinfizierenden Salben versorgt und entlassen. Namen und Daten werden notiert, um im Bedarfsfall Infektionswege nachweisen zu können. (Magnus Hirschfeld)

Die Mädchen bedienen auf diese Weise bis zu dreißig Männer pro Tag. Die Verseuchung der deutschen Armee mit Geschlechtskrankheiten ist dank der rigorosen Maßnahmen mit eineinhalb bis zwei Prozent der Soldaten weit niedriger als in den anderen Armeen.

Diese Zeichnung des Franzosen P. Nanteuil von 1916 hat den Titel »Blutrausch und Geschlecht« und gehört zur Hetzpropanda gegen die deutschen »Barbaren«. Zwar kamen Vergewaltigungen vor – vor allem nach Plünderungen französischer Weinkeller –, aber sie waren in westlichen Armeen kein erlaubtes Mittel der Kriegsführung – und kein Recht der Sieger über die Besiegten wie etwa bei den Türken gegenüber den christlichen Armenierinnen.

Dieses Feldbordell an der Ostfront ist ausdrücklich »Nur für deutsche Soldaten«, also nicht für Zivilisten oder Soldaten anderer Nationen. Vor dem Etablissement wacht ein Posten mit aufgepflanztem Bajonett. Offiziere haben eigene, teurere und weniger reglementierte Bordelle.

Die Prüderie der Vorkriegszeit weicht im Krieg notgedrungen der öffentlichen Aufklärung über Geschlechtskrankheiten und Methoden der Vorbeugung und Therapie. Die Kriegsgeneration von 1914–18 ist die erste, die umfassend über Verhütungs- und Vorbeugungsmaßnahmen unterrichtet ist. – Da das Penicillin noch nicht erfunden ist, bleibt die unangenehme alte Quecksilbermethode. Aber seit 1906 gibt es bereits den »Wassermanntest« zur sicheren Diagnose. Wegen der häufigen Krankheitsfälle und des daraus folgenden Schadens für die Wehrkraft fördert der Staat die Forschung.

Seuchen

Jeder Krieg bringt Seuchen: Ruhr, Typhus, Cholera, Fleckfieber, Pocken, Malaria, Hepatitis, Tuberkulose, Diphtherie, Wundstarrkrampf und andere. Aus Rumänien notiert Walther Hamann: »Vielfache Erkrankungen wahrscheinlich infolge schlechten Wassers.« (8.8.1917) Schnitzler erfährt, »daß ein Teil der Front in den Karnischen Alpen Trachomkranken zugewiesen ist, welche sich diese Krankheit am Balkan geholt haben«. (14.10.1916) Hauptüberträger von Infektionen sind verdorbenes Wasser, Kloaken, Läuse und Ratten, die mit ihrem Biß Hepatitis übertragen.

Vor der Heimfahrt von der Ostfront wird jeder Soldat »entlaust«, wie der Tübinger Student Walter Schmidt beschreibt. In der Station Stradom fuhr der »verlauste« Zug an die Front zurück. Die Soldaten wurden entlaust: »Es gibt etwa fünf bis sieben ›Lausoleen‹ an der Grenze, jedes hat fast eine Million Mark gekostet, aber sie sind offenbar nötig, da ein gefangener Russe nach der Rechnung eines Professors etwa 9000 Läuse ernährt. Wir Offiziere kommen in eine besondere Baracke, die Mannschaften in eine andere. Man sah, je in besonderen Häusern: Dampfmaschinen, Desinfektionsapparate, Baderäume, Verpflegungssäle, Trockenanstalten. Man zog sich also splitternackt aus, gab seine Kleider und Wäsche am Schalter ab, auch Schlafsack und Stiefel, schloß seine Wertsachen ein und kam arm wie bei der Geburt in einen Duschraum, wo man eine halbe Stunde unter eine heiße Brause gestellt wurde und in ein warmes Zimmer, wo sich nun alles in voller Schönheit und antiker Einfachheit der Kleidung gegenübersaß ... Endlich kamen Kleider und Wäsche aus dem Formalindampf ... noch feucht und von der Desinfektion so sehr riechend, daß einem die Augen übergingen und ein allgemeines Geheul der schwererprobten Männer entstand.« (KbSt 27.9.1915)

Wie hier in Ostgalizien werden Soldaten wie Zivilisten bei Choleraverdacht streng isoliert. Die besuchenden Angehörigen werden von einem Wachmann kontrolliert.

Zur Infektionsbekämpfung werden in den Zeitungen alle möglichen Mittel angepriesen. Freilich haben die Soldaten ohnehin ein Marschgepäck von 30 Kilo zu schleppen und können sich nicht mit zusätzlichen Geräten belasten.

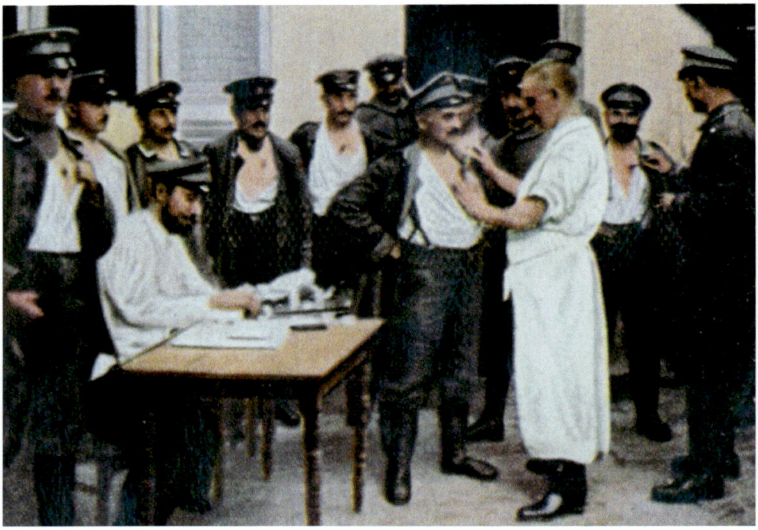

Mit rigorosen regelmäßigen Impfaktionen bemüht sich die Armee, Verluste so gering wie möglich zu halten.

Die offenen Massenaborte an der Front übertragen viele Seuchen. Tragbare Patentklosetts werden als Lösung des Problems angeboten.

Auch die Zivilbevölkerung wird großflächig geimpft.

Da Kleiderläuse den gefürchteten Flecktyphus verbreiten, werden die Truppen der Ostfront regelmäßig zum Entlausen geschickt.

Offiziere und Mannschaften

Die deutsche wie die k.u.k. Armee sind Zweiklassengesellschaften von befehlenden Offizieren einerseits und gehorchenden Mannschaften andererseits wie andere Armeen auch. Aufstiegsmöglichkeiten für Tüchtige in die höhere Schicht gibt es kaum.

Offiziere genießen viele Sonderrechte: Bei Bahnfahrten steht ihnen (sogar in der Gefangenschaft) mindestens die 2. (von vier) Klassen zu, während die Mannschaften zusammengepfercht in der 3. und 4. Klasse fahren, oft auch in Viehwagen. Offiziere haben Anspruch auf Einzelquartiere statt der Massenunterkünfte und erhalten in eigenen Menagen eine weit bessere Verpflegung, auch mehr Zigaretten. Vor allem bekommen sie viel mehr Sold. So verdient etwa ein Leutnant monatlich mehr als 300 Mark, ein einfacher Soldat dagegen nur 15 Mark. Dieser krasse Unterschied setzt sich bei der Witwen- und Waisenrente und dem Invalidengeld fort.

Zu Kriegsbeginn sind die Offiziere noch eine eher homogene Gemeinschaft. Viele erwerben in der langen Ausbildung Führungskompetenzen und damit die Achtung ihrer Untergebenen. Die nach-

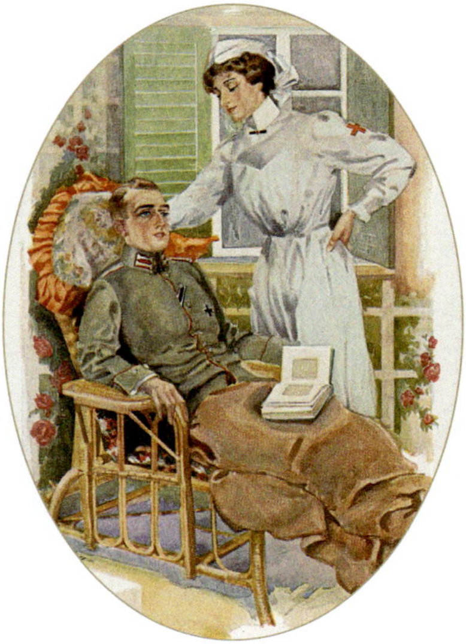

Auch kranke oder verwundete Offiziere erhalten eine individuelle Behandlung, während die Mannschaft stets als Kollektiv behandelt wird.

Das vielbeschworene Ideal des Offiziers als väterlicher Führer seiner Mannschaft schwindet immer mehr dahin.

folgende Generation hat Zeit, sich jahrelang auf ihre Aufgaben vorzubereiten. Der Krieg aber ändert dies grundlegend. Gleich am Anfang fallen nicht nur besonders viele Offiziere, sondern auch, wie das Beispiel Langemarck zeigt, begeisterte Studenten, die sich als »Einjährig-Freiwillige« auf eine Reserve-Offizierslaufbahn vorbereiten. Die Ausfälle werden mehr und mehr durch blutjunge Reserveoffiziere ersetzt, die ohne Erfahrung und Kompetenz auch bewährten und tüchtigen Soldaten, etwa Unteroffizieren, zu befehlen haben.

Den Unmut der Mannschaft formuliert der Heidelberger Student Alfred E. Vaeth: »Es ist nicht alles so, wie es sein sollte. Gerade das, was wir erhofft haben, nämlich den völligen Ausgleich der Standesunterschiede vor der Majestät der Opfer und vor dem allen gleichen Tod, grade diesen Ausgleich wird es nicht geben. Sie glauben es nicht, – hier ein Bild: Schützengraben, drei Leute zanken sich um ein Brot.

Drinnen die Offiziere bei Wein und Überfluß. Das Herz blutet ... Von der Fürsorge für den Soldaten, die so viel in den Zeitungen steht, davon merken wir hier nicht viel ... Es gibt Leute z. B., die sich, weil sie Einjährige sind, vorm Dienst drücken, wie es geht, nicht denkend, daß dafür andere sich wieder schinden müssen. Ach, man zog aus mit Hoffnung über Hoffnung, und man erlebte Enttäuschung über Enttäuschung.« (KbSt 4.11.1914) Solche Klagen über Unverstand, Rücksichtslosigkeit und mangelnde Fürsorge der Offiziere für die Mannschaft sind häufig. Viktor Walther über einen Soldaten auf Urlaub: »Seine Stimmung ist recht mißmutig, er mag gar nichts mehr vom Krieg wissen, er klagt sehr über seine Vorgesetzten, im allgemeinen wird sehr über das Offizierspersonal geklagt, jeder Urlauber singt dieses Lied.« (28.3.1916)

In Österreich-Ungarn wird das Problem noch durch die nationalen Konflikte verschärft. Deutsche und ungarische Offiziere treten gegenüber slawischen Mannschaften häufig – wie im dualistischen Vielvölkerstaat üblich – als »Herren« auf, um so mehr, wenn die Soldaten weder Deutsch noch Ungarisch sprechen. Nationale Animositäten spielen eine immer größere Rolle, was bei der Befehlsgewalt der Offiziere fatale Folgen haben kann, wie Schnitzler andeutet: »Das Hinausschicken von Freiwilligen, die unbeliebt sind, auf Patrouille – bis sie nicht mehr zurückkommen.« (29.4.1917)

Truppenunterkunft in einer Scheune in der Champagne (rechts oben).

Luxuriös wirkt diese Szene im Entlausungsbad für Offiziere: Der Bursche reicht Handtuch und Seife, nach dem Bad sind weiße Frotteemäntel bereit. Der Text der Karte lautet: »Auch unsere schneidigsten Offizier / Plagt oft solches Kleingetier; / Doch zeigt auch hier sich's wieder: nie / Versagt die deutsche Strategie (rechts unten).

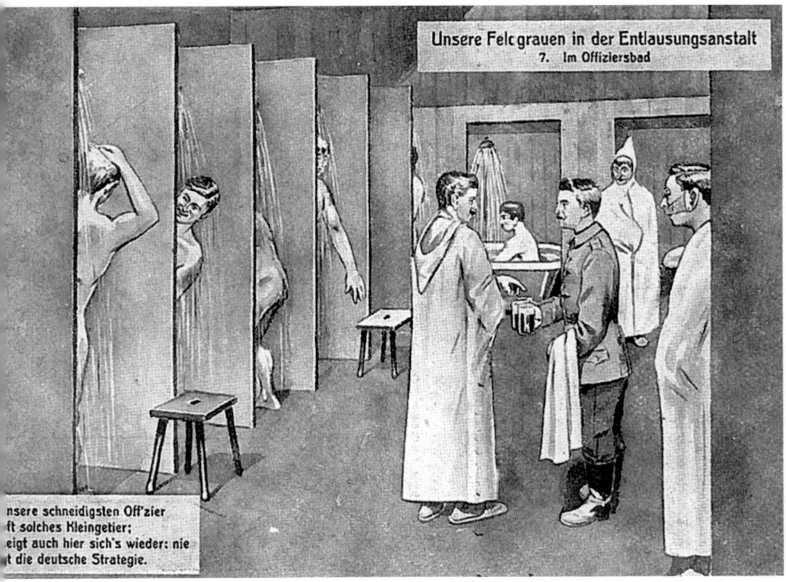
Unsere Felcgrauen in der Entlausungsanstalt
7. Im Offiziersbad
nsere schneidigsten Off'zier
ft solches Kleingetier;
eigt auch hier sich's wieder: nie
t die deutsche Strategie.

Ein Sonntagsausflug in die Schau- und Übungsschützengräben in Berlin ist sehr spannend und abwechslungsreich: Man kann in den sauberen Laufgräben spazierengehen, die (ebenfalls sauberen) Latrinen besichtigen, eine Telephonstation, Scheinwerfer, Hindernisse, Stacheldrahtverhaue, typische russische Unterkünfte, alle Arten von Waffen. Zur Entspannung gibt es Vorführungen mit Sanitätshunden, Militärmusik, ein türkisches Café, ein Restaurant, das Kino mit Kriegsfilmen. Für den Notfall kann man das ärztliche Dienstpersonal zu Rate ziehen, fast wie im richtigen Krieg.

In Wien strömen die Menschen in den Prater, um dort den Krieg als »größte Sehenswürdigkeit« zu besichtigen.

Front und Heimat

Abgesehen von Ostpreußen und anderen von den Russen zeitweise besetzten Landstrichen sind die deutschen Städte und Dörfer intakt. In München und Hamburg (wie auch in Budapest und Prag) spielen die Theater. Die Tanzbars von Berlin sind ebenso gut besucht wie die Wiener Heurigen. Die Zeitungen hüten sich, den Jammer der Front allzu anschaulich zu schildern, und konzentrieren sich auf immer neue Erfolgsnachrichten. Die urlaubenden Soldaten wollen ihre Familien schonen und berichten nicht viel. So entstehen große Verständigungsprobleme zwischen Front und Heimat.

Manès Sperber berichtet 1916, daß die Wiener selbst bei Klagen über nahe Gefallene »von den Schrecken des Krieges nichts wußten oder – genauer – nichts wissen wollten«. Er sei konfrontiert worden »mit einer verschleiernden, erhaben-erhebenden Mystifikation, die, so schien es mir, von der ganzen Stadt unaufhörlich praktiziert wurde. Die Kriegsbegeisterung, die ununterbrochen austrompetet wurde, die in zahllosen Zeitungen am Morgen, am Mittag und am Abend mit uneindämmbarer Geschwätzigkeit verbreitet, eingepaukt, eingetrichtert wurde, war in meinen Augen eine gigantische, verruchte Kommedije, in der alle mitspielten. Die traurigste Komödie, die jemals den Verstand und den Anstand herausgefordert hatte.«

Der 22jährige Student Otto Helmuth Michels appelliert aus Flandern an seine Familie: »Eins sage ich Euch immer wieder: Ihr in der Heimat vergeßt nie, wie gräßlich der Krieg ist. Betet ohne Unterlaß. Macht Ernst. Laßt alles Oberflächliche. Haut sie hinaus aus Theater und Konzert, die lachen und witzeln, indes ihre Kämpfer und Schützer leiden und bluten und sterben... Fluch denen, die den Krieg heraufbeschworen!« (KbSt Januar 1915)

Der 21jährige Student Kurt Rohrbach, der von der Front in Flandern für acht Urlaubstage nach Hause fährt und allein für die Hinfahrt 51 Stunden braucht, berichtet bitter: »Um einmal luxuriös zu fahren – seit 3/4 Jahren sah ich kein Bett mehr –, fuhr ich 2. Klasse. Bei der Papestraße öffnete ein junger Mann von angenehmer Erscheinung und vornehmem Äußern die Tür, mit Glacé an Händen und Füßen. Ohne ins Abteil zu schauen, steigt er mechanisch ein, schließt die Tür und sieht sich dann erst um. Da erblickt er mich, macht ein verlegenes Gesicht und verschwindet im Nebenabteil. Er hatte mit sicherem Blick in mir einen echten ›Feldgrauen‹ erkannt und fürchtete sich vor Läusen.« (KbSt 26.7.1915)

Der einfache französische Soldat (»Poilu«) macht ähnliche Erfahrungen, so Edmond Vittet aus Lyon: »Der Poilu ist jemand, den alle bewundern, aber vor dem man zurückweicht, wenn man ihn in den Zug einsteigen, ein Café, ein Restaurant, ein Warenhaus betreten sieht, weil man Angst hat, daß seine Stiefel die Halbschuhe versauen, weil seine Kleidungsstücke die nach der jüngsten Mode geschnittenen Jacken beschmutzen, weil man Angst hat, daß er mit seinen Gebärden die Glockenröcke streift, daß seine Worte zu roh klingen … Der Poilu ist jemand, dessen wahres Leben niemand in der Heimat kennt, nicht einmal die Journalisten, die ihn rühmen, nicht einmal die Deputierten, die nur Abstecher in die Generalstäbe machen … Hat man nicht in der Presse Erklärungen abgegeben, daß der Poilu noch die einzige Hoffnung Frankreichs ist, der einzige, der die Schützengräben hält oder nimmt, trotz Artillerie, trotz Hunger, trotz Besorgnis, trotz Erstickung?« (DF)

Die vom Feind erbeuteten Waffen werden in den Großstädten auf Marktplätzen und vor Kriegsmuseen zur Schau gestellt, vor allem natürlich, wie hier, in Berlin. Bei der Bevölkerung wird dadurch der Glaube an den baldigen Sieg ständig neu gestärkt.

Russische Kanonen
vor d Kgl. Schloß
Russische Maschinengewehre
Französische Kanonen
Belgische Kanonen

Unser Kaiser im Gebet.
Vater im Himmel, Lenker der Sonnen,
Zeuge für mich, der in Demut Dir naht!
I c h nicht habe den Kampf begonnen,
I c h nicht streute die blutige Saat!
Doch von Feinden und Neidern umgeben
Rief ich mein Volk zu eiserner Wehr,
Laß D e i n e n Geist uns're Waffen umschweben,
Uns sei der S i e g – und D i r sei die Ehr'.
Harry Sheff.

Der alte Kaiser stirbt

Am 21. November 1916 stirbt in der Wiener Hofburg der 86jährige Kaiser Franz Joseph nach einer Regierungszeit von 68 Jahren. Er galt wegen seines Pflichtbewußtseins als der erste Beamte seines Reiches, verlor zahlreiche Kriege, war weder kunstsinnig noch belesen, kein Mann der großen Worte und eher schüchtern. Aber je schwieriger das Zusammenleben seiner Völker in dem komplizierten Staatsgefüge wurde, um so wichtiger wurde Franz Joseph. Er repräsentierte das Vielvölkerreich als Person, war vielsprachig und vertrat den Grundsatz der Gleichberechtigung aller k. u. k. Bürger, gleich welcher Nationalität und welcher Religion. Sein verläßlicher Gerechtigkeitssinn sicherte ihm die Hochachtung vor allem der Benachteiligten, und dem Kaiser zuliebe blieb so mancher dem Reich noch treu, da, wie es immer wieder hieß, »solange der alte Kaiser lebe«, man ihm ein treuer Untertan sein werde. Franz Josephs Tod war demnach – zumal in der aussichtslosen Kriegssituation, dem Hunger und Sterben überall – mit der Ahnung eines baldigen Zusammenbruchs der Vielvölkermonarchie verbunden.

Franz Josephs Großneffe und Nachfolger, der 29jährige Karl I., war politisch unerfahren, wenig begabt und so wankelmütig, daß man ihn wegen seiner raschen Meinungsänderungen »Karl den Plötzlichen« nannte. Er stand unter dem Einfluß seiner ihm intellektuell überlegenen Frau Zita, und sie wiederum war von ihren Beichtvätern und ihren ehrgeizigen bourbonischen Verwandten abhängig. Vor allem kündigte sich ein politisches Problem an: Zwei von Zitas Brüdern waren Offiziere der belgischen Armee. Der Haß der Großfamilie Bourbon-Parma wie des jungen Kaiserpaares galt dem Bundesbruder Deutschland.

Diese Karikatur von Sacha Guitry zeigt das Machtverhältnis zwischen dem Deutschen Reich und Österreich-Ungarn: Die Donaumonarchie ist so schwach wie der alte Kaiser und hat keine Kraft, sich aus dem Bündnis zu befreien.

Begräbnis Seiner Majestät Kaiser Franz Josef I. am 30. November 1916 in Wien

Beim prunkvollen Begräbnis Kaiser Franz Josephs wird noch einmal die Pracht der Trachten und Bräuche der alten Monarchie entfaltet. Für die meisten Zuschauer starb mit Franz Joseph die letzte integrierende Persönlichkeit des Vielvölkerstaates Österreich-Ungarn. Die Zukunft ist unsicher.

Das neue Kaiserpaar, Karl I. (IV. als König von Ungarn) und Zita, läßt sich sehr rasch und mit erheblichem Aufwand in Budapest zum Königspaar von Ungarn krönen (in der Mitte der vierjährige Kronprinz Otto) und leistet dabei den Eid auf die ungarische Verfassung und die Vorrechte Ungarns. Damit wird die Vorherrschaft der Deutschen und Ungarn in der Monarchie zementiert und eine überfällige Neuordnung des Reiches zugunsten der anderen Nationen verhindert. Statt zu integrieren, vertieft das junge Kaiserpaar die alten Gegensätze.

Mit Angst ins neue Jahr

Am Neujahrstag 1917 notiert Käthe Kollwitz: »Das Jahr 1916 war sehr schwer. Wohl geht man in das nächste mit dem Gefühl es wird den Frieden bringen. Aber noch keine Freude. Die Menschen sind zu sehr zu Boden gedrückt.« Franz Jungbauer schreibt von der Isonzofront an Brunhild Stangl: »Dieses Jahr verspricht in Bezug auf Blutvergießen ganz furchtbar zu werden und wird alles in den Schatten stellen, was bis jetzt da war. Man darf gar nicht mehr nachdenken. Glücklicherweise ist alles schon so abgestumpft, daß ich mir gar nicht vorstellen kann, es könnten besonders freudige Gefühle noch zutage treten, wenn doch einmal Friede werden sollte. Man wird ihn eher in einer gewissen stumpfen Gleichgültigkeit hinnehmen.« Vor allem sorgt sich der begeisterte Lehrer um seine Schüler: »In nächster Zeit kommt schon wieder eine Musterung für die Kleinen. Da werden auch an unserer Anstalt wieder Lücken entstehen. Der Krieg geht schon ins Ufer-

Ein Beispiel aus der antideutschen Kartenserie von Louis Raemaekers. Hier schreibt ein deutscher Soldat im Schützengraben einen Brief nach Hause: »Wieder haben wir Land erobert: Unsere Friedhöfe erstrecken sich jetzt bis zum Meer.«

lose.« (27.1.1917) Und immer wieder das große Rätsel, so Jungbauer: »Wann wird es enden, und wie?« (13.3.1917)

Die verzagte Stimmung bei den Mittelmächten resultiert vor allem aus den enttäuschten Hoffnungen des Vorjahres: Verdun brachte nicht den erhofften Sieg. An der Somme hielten die Deutschen zwar stand, aber nur mit riesigen Blutopfern. Auch die Ostfront ist zum Grabenkrieg geworden. An der Italienfront bleibt immer noch der Sieg aus. Die in den deutschen Zeitungen so gefeierte Seeschlacht im Skagerrak Anfang Juni endete in Wirklichkeit unentschieden und hat keine Folgen. Österreich-Ungarn, Bulgarien wie die Türkei sind zutiefst erschöpft und können nur noch mit deutscher Hilfe weiterkämpfen. So bleibt allein die Freude über den Sieg in Rumänien. Aber: Auch die Franzosen haben große Probleme, über deren Ausmaß man in Berlin wenig weiß.

»Drüben am Wieſenrand
Hocken zwei Dohlen –
Fall ich am Donauſtrand?
Sterb ich in Polen?
Was liegt daran?
Eh' ſie meine Seele holen,
Kämpf ich als Reitersmann.

Drüben am Ackerrain
Schreien zwei Raben –
Werd' ich der erſte ſein,
Den ſie begraben?
Was iſt dabei?
Viel hunderttauſend traben
in Öſterreichs Reiterei.

Drüben im Abendrot
Fliehen zwei Krähen –
Wann kommt der Schnitter Tod,
Um uns zu mähen?

Es ist nicht schad!
Seh' ich nur unſere Fahnen wehen
Auf Belgerad!«

Das »Reiterlied«, das wohl bekannteste deutsche Kriegsgedicht, stammt von dem Österreicher Hugo Zuckermann, der 1915 starb.

Ein vom Maler inszeniertes Bild vom Jammer des Krieges: Ein uralter Mann und eine junge Frau mit zwei Kindern suchen inmitten von frischen Gräbern, Pferdekadavern und im Schlamm versunkenem Kriegsgerät nach Brauchbarem. Sie finden nur ein wenig Holz zum Einheizen. Der Greis hat die Axt vergeblich mitgenommen. Die wenigen verbliebenen Bäume werden für Grabkreuze gebraucht.

Französische Karikatur »Déménagement de Guillaume« (Wilhelms Umzug): Wilhelm II. versucht mühsam, mit dem deutschen Karren voranzukommen. Während die Kanone »Dicke Berta« ebenso wie der schwarze Reichsadler ihn mit der Parole »Nach Paris!« anfeuern, zieht der gebückt gehende Kaiser zusammen mit einem Schwein (»boche«, der französische Ausdruck für Deutscher), den schwerbeladenen deutschen Karren: Ein mit Eisernem Kreuz versehener Zeppelin wendet sich ängstlich zurück, in Anspielung auf die vielen abgeschossenen deutschen Luftschiffe. Hindenburg (mit rotem Bart) blickt griesgrämig. Kronprinz Wilhelm mit Totenkopfkappe wird mit »Kronprinz Kapout« verhöhnt und schaut aus allerlei Hausrat hervor – eine Anspielung auf die Vorwürfe, er habe ein französisches Schloß ausgeplündert. Lampions in Totenkopfform hängen von dem beladenen Gefährt herunter. Rettungsringe von Calais, Dover und Paris tragen die Namen deutscher Wunschziele. Der größte Rettungsring für den Kaiser heißt »Illusions Perdues«, verlorene Illusionen.

Die französische Propaganda schlachtet die Nöte der Mittelmächte in Karikaturen aus, um damit den Landsleuten den baldigen Sieg zu signalisieren: Deutsche Soldaten wühlen in den Haushaltsabfällen nach Eßbarem.

Ein knochiger Krieger mit Pickelhaube umklammert eine »Pferderübe« als einziges vorhandenes Nahrungsmittel.

Zwei, die in allen Lagen, 'ne gute Klinge schlagen.

Steckrübenwinter

Der Winter 1916/17 ist in Deutschland und Österreich-Ungarn der schlimmste Hungerwinter des 20. Jahrhunderts: Für die staatliche Verteilung fehlen sämtliche Nahrungsmittel außer Steckrüben. Hunderttausende, vor allem Alte und Kinder, verhungern und erfrieren, da auch Kohlen fehlen.

Urlaubende Soldaten erschrecken über das Elend in der Heimat, so auch Franz Jungbauer über Wien: »Die jetzigen Verhältnisse sind geradezu furchtbar und man kehrt gern zu den Fleischtöpfen der Front zurück. Ich stellte es mir gar nicht so arg vor.« (19.10.1916) Aber auch an der Front kommt es zu Engpässen. Walther Hamann notiert in Oberitalien: »Zum Nachtmahl Frösche, die uns unser Sanitätssoldat Schütz gefangen hat.« Als ein kleiner Hund, das Maskottchen der Kompanie, unauffindbar ist, kommt sofort der Verdacht auf, daß er »als Osterbraten sein Leben lassen mußte«. (23.4.1916)

Täglich gibt es neue Bestimmungen, deren Nichtbeachtung hohe Strafen nach sich zieht. Kuchenbacken ist verboten. Gasthäuser dürfen den Gästen kein Brot geben. Dienstag und Freitag sind fleischlose, Montag und Donnerstag fettlose Tage. Laut Paula Hamann sei zu einem Nachbarn »an einem fleischlosen Tag schon eine Kommission inspizieren« gekommen. Staatskontrolleure überprüfen die Vorratskammern, so im Hause Schnitzler: »Marktcommissar vigilirt bei uns nach Fettvorräthen und entschuldigt sich, schämt sich fast seines Berufs.« (20.10.1916) Gehortete Lebensmittel werden beschlagnahmt. Auch die Ernte wird amtlich überwacht. Obwohl den Bauern nur ein Minimum für den Eigenbedarf bleibt, werden sie von Bettlern umlagert, so Viktor Walther: »Jeden Tag kommen Kinder und bitten, nur ein paar Kartoffel oder 1 Stückchen Brot. Es will doch selber bei einem nicht langen.« (4.3.1917)

Die deutsche Propaganda dementiert den Hunger in drastischen Postkarten, die in ihrer plumpen Lügenhaftigkeit eine Beleidigung der Hungernden darstellen.

Nachdem die Kohlrüben in bekannter Weise abgebrüht sind – man tut dies am besten zweimal hintereinander in kochendem Wasser –, macht man eine leichte Mehlschwitze aus irgendwelchem Fett, das einem zur Verfügung steht, gibt ein Lorbeerblatt, ein paar Pfefferkörner oder auch Pfefferfix, 2 Nelken, einen Schuß Essig, etwas Zucker und das nötige Salz hinzu und läßt die vorher gut ausgedrückten Kohlrüben hierin tüchtig durchziehen. Das Gericht schmeckt fast so gut wie Rotkohl.

Schöne weiße Kohlrüben, die aber sehr saftig und nicht so rübig sein dürfen, wie sie es manchmal sind, lassen sich genau wie Milchreis zubereiten. Nachdem die Rüben zweimal abgekocht sind, macht man am besten aus Butter und Mehl eine helle Einbrenne, die aber ja nicht dunkel werden darf, und rührt so viel Milch und auch etwas Wasser hinzu, daß sie recht schön sämig wird. Hierauf tut man die vorher abgetropften und noch einmal mit der Hand sorgsam ausgedrückten Kohlrüben hinein, läßt sie gut heiß werden und reicht sie mit Zimt und Zucker. Ist man so reich, eine Buttertunke dazugeben zu können, so erhöht dies den Wohlgeschmack ganz bedeutend.

Da es kaum noch Ware gibt, funktioniert das Kartensystem immer weniger. Die Reichen versorgen sich über den Schwarzhandel, die Armen hungern. Schnitzler am 1. Februar 1917: »Theurung geht ins ungemessene.«

Das letzte Mittel gegen das Verhungern sind Steckrüben, auch Kohl- oder Pferderüben genannt, die bisher nur als Viehfutter verwendet wurden. Sie haben nur halb so viele Kalorien wie Kartoffeln und sind mühsam zuzubereiten, aber vielseitig verwendbar: als Salat, Sauerkraut, Pudding, Torte, Mus, Gemüse, als praktisch alles. Ein alter Herr klagt gegenüber Hamann, daß ihm die Steckrüben, »ohne Fett auf die Dauer genossen«, längst widerstünden: »Aber runter müssen sie! Hat man sie einmal durch die goldige Kehle, dann geht es.« Und: »Sehr starkknochig sind wir geworden, denn die Knochen wachsen zum Fleisch heraus.« (16.3.1917)

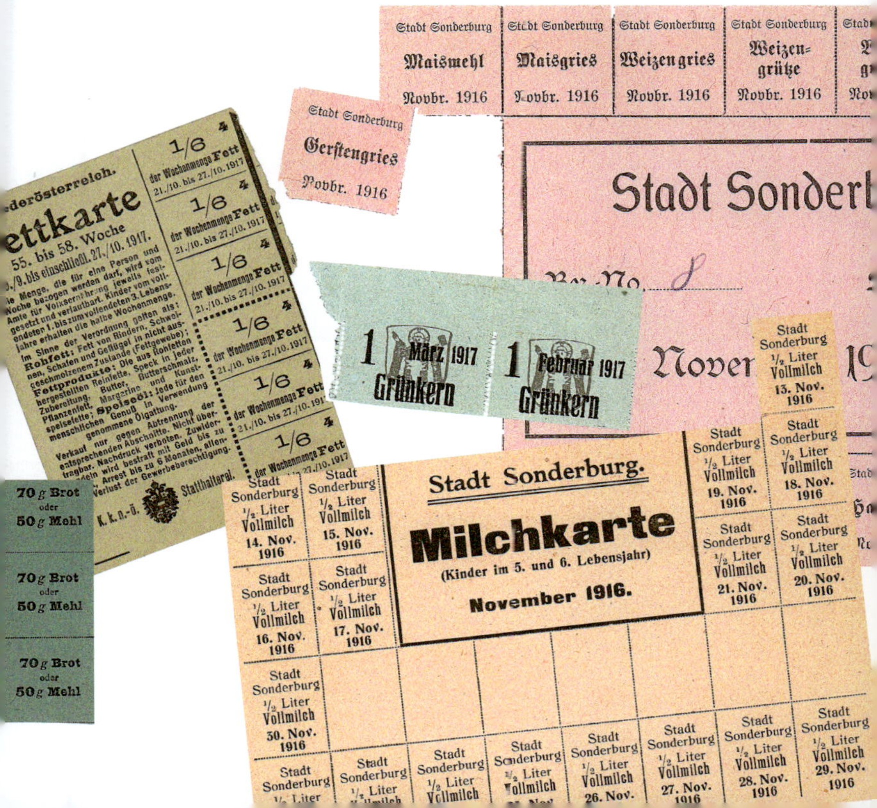

Die USA werden von den Deutschen als Kriegsgewinnler angeprangert. Tatsächlich beliefern US-Firmen die Entente mit großen Mengen Materials: Geschütze, Munition, Lastwagen, Rohstoffe, Chemikalien, Nahrungsmittel. (Simplicissimus)

Die USA greifen ein

Am 22. Januar 1917 appelliert US-Präsident Woodrow Wilson im Senat an die Kriegführenden, einen »Frieden ohne Sieg« zu schließen, also einen Verständigungsfrieden. Das Ehepaar Kollwitz hält die Rede »für ungeheuer bedeutsam: ›die Morgenröte‹«. (1. 2. 1917)

Es wirkt weltweit wie eine höhnische Antwort an Wilson, als das Deutsche Reich am 31. Januar die Wiederaufnahme des unbeschränkten U-Boot-Krieges gegen England ankündigt. Ludendorff verspricht sich davon den Sieg über England in rund einem halben Jahr. Käthe Kollwitz am 1. Februar: »Jetzt – 11 Tage hinterher – kommt Deutschland mit der U-Boot-Ankündigung. Jetzt kommt wohl die letzte Phase dieses Kriegs, vielleicht die fürchterlichste.« Und Viktor Walther: »Der U-Bootkrieg wird … mit allen zu Gebote stehenden Mitteln ausgeführt … Das Motto lautet jetzt: Sieg oder Untergang.« (4. 2. 1917) Als Reaktion brechen die USA die diplomatischen Beziehungen zum Deutschen Reich ab.

Fast täglich werden Erfolge vom U-Boot-Krieg gemeldet: Feindliche Dampfer mit Ladung von Munition, Hafer, Magnesium, Baumwolle, Kohlen und anderen kriegswichtigen Gütern werden versenkt, am 17. Februar auch der französische Truppentransporter »Athos« mit tausend chinesischen Munitionsarbeitern und einem Bataillon Senegalesen an Bord. Und auch neutrale Schiffe mit Passagieren aus den USA.

Holzschnitt des Flamen Frans Masereel: Die US-Truppen werden auf dem Weg zur Front von einem Triumphbogen in Todesgestalt willkommen geheißen.

Die ersten US-Soldaten auf dem Marsch zur Einschiffung nach Europa. Die deutsche Propaganda läßt die Bevölkerung glauben, daß es noch mindestens ein Jahr dauert, bis die Amerikaner ihre Truppen nach Europa schicken – und wenn, dann würden die U-Boote ohnehin die Schiffe versenken. Aber bereits am 26. Juni 1917 landet die erste US-Division wohlbehalten in der Bretagne.

Am 6. April erklären die USA dem Deutschen Reich den Krieg. Aber, so notiert der Allgäuer Lehrer Philipp Winter am selben Tag: »Unsere Führer beruhigen uns, daß dessen [der USA] Teilnahme auf Jahre hinaus nicht fühlbar wird. Munition hätte es schon immer unseren Feinden geliefert.«

Die Amerikaner betonen, für die Demokratie in diesen Krieg zu ziehen.

Dieses berühmte Plakat von James M. Flagg zur Werbung von Kriegsfreiwilligen wurde mit kleinen Änderungen auch im Zweiten Weltkrieg verwendet.

Revolution in Rußland

Der lange und harte Winter 1916/17 setzt auch der russischen Bevölkerung stark zu mit Hunger, Teuerung, Mißwirtschaft, einer übermäßig ausgedehnten Arbeitspflicht und einem reformunwilligen politischen System. Millionen Flüchtlinge irren durch das Land, bei jedem Vorrücken der Deutschen werden es mehr. In den Großstädten demonstrieren Frauen gegen den Hunger und für den Frieden. Viele russische Soldaten lassen sich gerne gefangennehmen. Die Rüstungsarbeiter radikalisieren sich. Aber alle Kundgebungen werden im Namen des Zaren brutal niedergeschlagen. Als Nikolaus II. am 11. März die Duma (das Parlament) auflösen will, widersetzen sich die Abgeordneten. Die organisierten Arbeiter rufen den Generalstreik aus. Und: Soldaten der Petrograder Garnison solidarisieren sich mit den Streikenden. Das ist der Beginn der Februarrevolution am 12. März 1917 (nach neuer Zeitrechnung).

Käthe Kollwitz erfährt am 15. März, »daß die russische Revolution sehr um sich greife. Die Regierung ist gestürzt, sämtliche Minister im Gefängnis, ein aus der Duma gewähltes Komitee hat sich an die Spitze gestellt. Die Petersburger Garnison – 30 000 Mann – geht mit den Revolutionären. Das ist von allerhöchster Bedeutung.« Am 15. März 1917 dankt Zar Nikolaus II. für sich und seinen Sohn ab und wird bald darauf in Haft genommen. (Am 17. Juli 1918 wird die Zarenfamilie ermordet.)

Die Entente-Mächte ringen der provisorischen russischen Regierung das Versprechen ab, den Krieg fortzuführen, und erkennen sie daraufhin am 22. April an. Die Revolution scheint abgeschlossen. Die deutschen Friedenshoffnungen schwinden. Die Wienerin Annerl Tampier schreibt betrübt an Walther Hamann: »Es geht bunt zu auf dem großen Marionettentheater, und England ist ein geübter Spieler. Wie sonderbar, daß just unsere Wünsche, wenn sie sich erfüllen, uns zum Übel ausschlagen. Wer hat nicht zu Kriegsbeginn auf ein Losschlagen Japans gesetzt, dann auf eine Teilnahme Italiens, auf eine Intervention Amerikas, und immer wieder auf die Revolution in

Rußland? Alles ist eingetroffen, doch alles hat sich *gegen* uns gewendet.«

Doch in der Duma gibt es eine Minderheit, die strikt gegen den Krieg ist: die Bolschewisten. Ludendorff sieht eine Chance und finanziert im April 1917 dreißig russischen Emigranten die Heimreise vom Züricher Exil im Eisenbahnwaggon durch Deutschland zur Fähre nach Schweden. Der Chef der Mission ist der 47jährige Rechtsanwalt Wladimir Iljitsch Lenin, der in seinen »Aprilthesen« ein radikales Programm formuliert: sofortiger Friede, Landreform und »Umwandlung des Krieges in einen Bürgerkrieg«. Aber im Juli scheitert ein bolschewistischer Aufstand gegen die Regierung. Lenin flieht nach Finnland. Im Oktober wird man wieder von ihm hören.

Zar Nikolaus II. in einer Darstellung von 1914: mit der Knute in der Hand als Zeichen seiner Gewaltherrschaft, über sich die rauchende Bombe der Revolution.

Straßenkämpfe in Petrograd im Februar 1917.

Karikatur des britischen »Punch« unter dem Titel »Verraten«: Kaiser Wilhelm reibt sich im Hintergrund als Kuppler zufrieden die Hände und sieht zu, was er angerichtet hat: Der wilde Bolschewik mit dem umgehängten Beutel »German Gold« versucht das Mädchen namens Russia zu vergewaltigen. Der Kuppler fordert das widerstrebende Mädchen auf: »Komm schon. Komm und laß dich von ihm küssen.«

PUNCH, OR THE LONDON CHARIVARI.—December 12, 1917.

BETRAYED.

The Pander. "COME ON; COME AND BE KISSED BY HIM."

Deutsche Soldaten auf dem Marsch in die Siegfried-Stellung.

Dieses Plakat von Fritz Erler zeigt, wie die Werbung für Kriegsanleihen realistischer wird: Der Soldat wird im (1916 eingeführten) Stahlhelm gezeigt, mit umgehängter Gasmaske und vor dem Stacheldrahtverhau des Stellungskriegs. Sein heller, energischer Blick suggeriert Siegeswillen und Zuversicht. Der Reichstag hat 15 Milliarden Mark Kriegskredite bewilligt, die nun aufgebracht werden müssen.

Westfront

In der Abwehr einer erwarteten französisch-englischen Großoffensive greift die deutsche Armee Mitte März zu einer ungewöhnlichen Strategie: Sie verkürzt in aller Heimlichkeit die Front an der Somme, zieht sich um zwanzig Kilometer in die gut befestigte sogenannte »Siegfried-Stellung« zurück und macht damit zwanzig Divisionen frei. Auf dem Rückzug zerstören die Deutschen im Unternehmen »Alberich« Dörfer, Häuser und Straßen, fällen die Bäume, töten das Vieh. Zurück bleibt eine unbewohnbare Mondlandschaft, die »Somme-Wüste«, wo der Feind weder Orientierung noch Deckung finden soll. Damit bestätigen die Deutschen für die Welt wieder das Schlagwort von den »Barbaren«.

Die listige Strategie hat Erfolg. Denn als die Franzosen und Engländer im April in einer Doppelschlacht an der Aisne und in der Champagne angreifen, stoßen sie ins Leere, haben riesige Verluste. Vor allem die Infanterie ist hilflos der feindlichen Artillerie ausgeliefert. Die französische Armee gerät in eine ernste Krise vor allem, da es für die rund 100 000 Verwundeten kaum ärztliche Versorgung und Lazarette gibt. Der Haß der verzweifelten Soldaten auf die Offiziere entlädt sich vor allem bei der Infanterie in Revolten und Meutereien. Die Revolution scheint nahe. Ende April wird der Oberkommandierende Robert Georges Nivelle, von seinen Leuten »Blutsäufer« genannt, abgesetzt. Erst sein Nachfolger Henri Philippe Pétain kann die Lage stabilisieren. Jeder Zehnte unter den Tausenden von Aufrührern wird vor Gericht gestellt, aber nur 49 von ihnen werden hingerichtet. Andererseits wird die Versorgung der Soldaten verbessert. Da die Deutschen über all dies nicht informiert sind, können sie die prekäre Lage der Franzosen nicht zu ihren Gunsten ausnutzen.

Der französische Infanterist Maurice Drans beschreibt am 18. Mai 1917 seine Gefühle angesichts steter Gefahr durch die feindliche Artillerie: »Ein Zusammenfahren, ein Aufzucken, mein Körper, als wollte er plötzlich vollständig in der Erde versinken ... Das Geschoß braust heran wie herabstürzendes Wasser. Ein grollendes Dampfgeräusch,

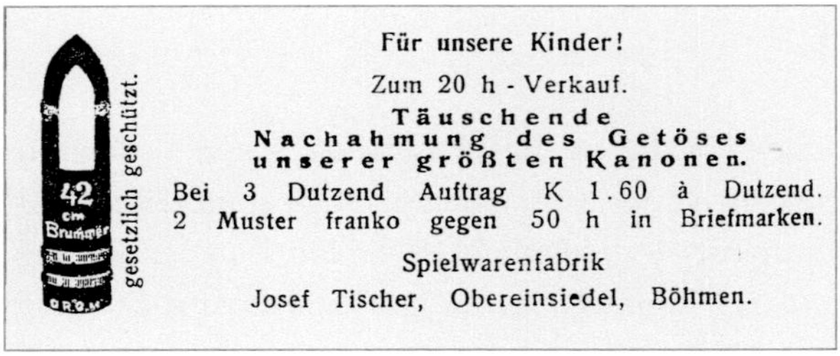

das deutlicher wird, donnert, platzt... Es ist ein schwarzes Biest. Das Krachen ist fürchterlich. Man sieht den Splitterregen, der hochsteigt, sich ausbreitet, über den Bäumen zerspringt, dann auf unsere Unterstände fällt... Motorengeräusche durchheulen die Wolke, elektrisieren die Atmosphäre. Ich bin angespannt; beinah so schwach wie ein Küken; und so zerbrechlich!... Ein Geruch von Pulver und Brand verpestet unsere Nasen, nimmt uns den Atem. Und nun herrschen nur mehr die Erschütterung der Elemente, ein Wälzen, ein speiendes Geschrei, ein ruckartiges Uhuen, ein Knattern; eine gewaltige Feuersbrunst, die von Blitzen und Donnerschlägen durchzogen ist. Die Brenn- und Aufschlagzünder zerplatzen auf der Erde. Sie wechseln in dieser höllischen Sturmglocke unter der erbleichten Flamme der Sonne einander ab... Was für ein majestätisches Drama spielt sich hier ab, episch in seinem Schrecken, mit diesen Flammenspuckern aus unseren Stahlmäulern, die die ihren zum Schweigen zwingen, ihren Haß in den zusammengekauerten Wanst zurückdrängen. Sehr weit oben der träge Sog unserer großen Kaliber. Es ist ein Genuß, in dieser Wildheit diese Antworten zu hören: ›Für Frankreich! Sammelt euch!!‹... Dann packt mich der Schlaf; ein dumpfer zermalmender Schlaf unter einem drohenden Fallbeil.« (DF)

Die Deutschen machen sich über die neuen englischen Panzer gerne lustig. Die Unterzeile dieses Bildes lautet: »Der englische Kinderschreck. Einer der bei Arras erbeuteten englischen Tank-Panzerwagen, die den Durchbruch ermöglichen sollen, aber kläglich versagten.«

Flammenwerfer helfen an der Westfront beim Aufrollen feindlicher Grabensysteme. Dabei wird unter Druck stehendes Öl beim Verspritzen aus einem Rohr entzündet. Diese gefürchtete Waffe führt zu schweren Verbrennungen und Verätzungen der Atmungsorgane. Die Propaganda freilich macht aus dem Grauen eine Idylle auf grüner Wiese.

Giftgas

Im April 1915 setzen die Deutschen bei Ypern zum erstenmal Giftgas ein. Käthe Kollwitz erfährt Jahre später Einzelheiten »von den 3000 Kanadiern, die dort lagen und die alle durch Vergasung starben. Damals hatte man die Wirkung der Gase noch nicht so erprobt und rechnete nicht mit einer solchen Wirkung. Sonst hätte man nachgestoßen und hätte Ypern genommen.« (Juli 1932)

Die Deutschen bauen Batterien von je zwanzig mit flüssigem Chlor gefüllten Flaschen in die Schützengräben ein und blasen sie gleichzeitig siphonartig in die feindliche Richtung ab, wobei der sich bildende Nebel zur Tarnung oft noch durch Rauchwolken verstärkt wird. Bald setzen auch die anderen Kriegsparteien die neue Waffe ein und entwickeln sie weiter.

Schließlich gibt es drei Gase: das Grünkreuz, das die Lungen angreift, das Gelbkreuz, das die Haut schädigt und sogar Leder durchdringt, und das Blaukreuz, das die Atemfilter der Gasmasken durchdringt und Erstickungsanfälle auslöst, die häufig zum Tod führen.

Eines der Opfer ist der Unteroffizier Ludwig Hirsch, der nach Hause schreibt: »Meine teuren Lieben! So einen tiefempfundenen Brief wie diesen habe ich wohl noch nicht geschrieben. Alles verloren, das Leben gerettet, das ist der Inhalt der letzten zwei Tage. Das nackte Leben, Uniform, Stahlhelm, Gasmaske, sonst habe ich nichts zurückgebracht. Einzelheiten mag ich Euch gar nicht mitteilen ... Wir waren zehn Stunden unter der Gasmaske. In unserm Stollen hatten wir vier Gastote. Ich selbst habe ziemlich Gas erwischt und habe sehr mit Atemnot zu kämpfen ... ich komme sicher ins Lazarett. Seid jedoch nicht ängstlich, etliche Wochen werden die Sache schon wieder ins Gleichgewicht bringen. Wir können unserm Gott nicht genug danken, daß er mich Euch so gnädig erhalten hat.« (KbJ 27.9.1918) Acht Tage später ist der 20jährige tot.

Pferde erweisen sich als nicht sehr empfindlich gegen Gas, brauchen jedoch einen improvisierten Schutz, etwa Futterbeutel mit nassem Heu.

Realität des Schützengrabens: der hintere Soldat am leichten Maschinengewehr, der vordere mit einer Stielhandgranate, beide in Gasmasken.

Artilleristen, geschützt gegen feindliches Gas.

Einer von Zigtausenden Gastoten, die es allein an der Westfront gab.

Das Grauen des Gaskriegs als Etappenwitz.

Zeichnung des Holländers Piet van der Hem über das Giftgas mit dem Titel: »Der neue Tod«.

Die Ludendorff-Spende für Kriegsbeschädigte sammelt als zentrale Organisation Mittel für die Rehabilitation von Invaliden.

Kriegskrüppel

In den ersten Monaten des Krieges wird für die Rehabilitation von Kriegsversehrten viel getan: Es gibt spezielle Schulen für jeweils rechts-, links- oder beidseitig Arm- und Beinamputierte. Die »Kriegskrüppel« sollen mit Gymnastik und »eisernem Willen« an sich arbeiten, um wieder ihren Beruf ausüben zu können. An der Verbesserung der Prothesen wird ständig gearbeitet. Auch der berühmte Chirurg Ferdinand Sauerbruch erfindet eine Methode, die Gelenkigkeit von Prothesen zu verbessern.

Die Wiener Kriegsausstellung 1916 hat als größte Attraktion ein »Krüppelorchester«, bestehend aus vierzig einarmigen Musikern, die mit Hilfe von Prothesen ihre Instrumente spielen und, so die Zeitungen, »die schwierigsten Vortragsstücke künstlerisch interpretieren«. Schnitzler notiert nach dem Erlebnis: »Man steht starr diesem Wahnsinn gegenüber. Folter und Verstümmelung in ein System gebracht.« (8.10.1916)

Mit Fortdauer des Krieges und Millionen von Invaliden schrumpft der Optimismus, und aus Geld-, Material- und vor allem Personalmangel wird die Versorgung karg. Karl Kraus berichtet von dem 28jährigen Chemiker Theodor von Friedberg, der nach vier Schüssen ins Knie nur noch mit Hilfe von Stöcken gehen kann, überdies durch Granaten eine Nervenerschütterung erlitt und Epileptiker wurde. Nach der Entlassung aus der Armee bekommt er die gesetzliche Invalidenpension von sechs Kronen monatlich (umgerechnet 7,32 Euro) und eine kleine Verwundetenzulage. Da er sich keinen Anzug kaufen kann, trägt er die Uniform weiter – und wird von einem Fabrikanten wegen unbefugten Tragens einer Uniform angezeigt. Nach dem Freispruch fordert Kraus: »Warum läßt der Kriegskrüppel den Armeelieferanten nicht verhaften? … Wie werden wir, wenn wir diesen Krieg überleben, diese Anzeige überleben?«

In einer Serie von Propagandakarten über Invalidenschulen wird gezeigt, wie Bein- oder Armamputierte mit den richtigen technischen Hilfsmitteln und Prothesen angeblich ganz normale Arbeit verrichten können wie hier als Kupferdrucker, aber auch als Schuhmacher und Korbflechter und so weiter. Sogar beidseitig Fußamputierte sollen wieder »flotte Tänzer« sein.

Abb. 27. Schneider. Verlust beider Füße, im Unterschenkel amputiert. Fährt Rad, gewandter Turner, flotter Tänzer.

Invaliden in Begleitung junger Rotkreuzschwestern sind 1914 attraktiv genug, um sie zum Mittelpunkt der Wiener Sehenswürdigkeiten zu machen. Hier die Opernkreuzung mit Blick auf den Stefansdom. Die meisten »Kriegskrüppel« sehen freilich nicht so aus.

Der Pazifist Ernst Friedrich verletzte 1924 ein Tabu, als er solche realistischen Photos in sein Buch »Krieg dem Kriege« aufnahm. Bei diesem Schwerverletzten handelt es sich um den Leutnant Oskar Wendtland. Er verlor 1918 an der Westfront sein Kinn, sämtliche Zähne und die halbe Zunge, aber überlebte. Er lernte wieder, sich zu verständigen, und brachte es als Beamter bis zum Verwaltungsdirektor von Gelsenkirchen. (mit Dank an seinen Sohn Dr. Klaus W.)

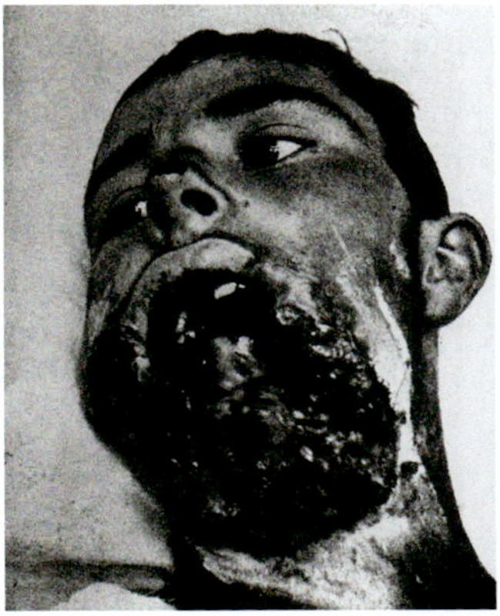

Eisernes Kreuz

Immer noch gibt es im Ersten Weltkrieg die traditionellen Orden wie den preußischen »Pour le mérite« oder den bayerischen Max-Joseph-Orden, die von den Monarchen bevorzugt an Mitglieder von Herrscherhäusern und Aristokraten verliehen werden. Das große Ziel von Offizieren und Mannschaften freilich ist das Eiserne Kreuz, das in drei Klassen ausgegeben wird: dem Großkreuz, dem EK I und EK II, wobei das EK I das begehrteste ist.

Doch seit Kriegsbeginn gibt es Klagen über Ungerechtigkeiten und Schiebungen bei der Verleihung. Der Soldat Alfred E. Vaeth schreibt bereits 1914 über »die Verteilung des Eisernen Kreuzes, das wird wohl ein Skandal werden, wenn nicht rasch eine ruhige Stimme zuerst losschlägt«. (KbSt 4.11.1914) Es geht wieder einmal um die Bevorzugung von Offizieren, während Mannschaften auch bei wahren Heldentaten nur eines der vielen kleinen Ehrenzeichen bekommen.

Franz Jungbauer notiert in Südtirol, daß die Frontsoldaten sich ärgern, für alle ihre Strapazen keine Anerkennung zu finden: »›Die unten‹ lassen sich mit Orden behängen ›für tapferes Verhalten‹ und waren nicht einmal noch heroben … Es wird nach dem Kriege so sein, wie es vorher war: Die einen arbeiten, die anderen essen.« (13.2.1916)

Je länger der Krieg dauert, um so unwichtiger wird für viele Soldaten gerade an der Front eine Auszeichnung. So schreibt 1917 der Offizier Erich Sidow sehr bitter: »Ich habe gestern das Eiserne Kreuz erhalten. Wie ich darüber denke, wißt Ihr ja. Lieber daheim sein, als derartiger Tand.« (DF)

Mit einem steifen Bein, am Stock gehend, kehrt ein deutscher Offizier in die Heimat zurück und sagt: »Bloß Streifschuß, Kinder. Kopf heil, Brust heil, und das Kreuz tut mir sogar wohl.« Das Eiserne Kreuz, das er stolz trägt, wird üblicherweise an Offiziere nach einer Verwundung verliehen.

Der Verwundete liegt sterbend allein auf dem Schlachtfeld. Hinten sieht er im Traum das Brandenburger Tor mit dem triumphalen Einzug heimkehrender Truppen mit Fahnen wie im August 1914. Ein riesiger Reichsadler bringt ihm das Eiserne Kreuz als Lohn für seine Tapferkeit und seinen »Heldentod«. Der schwerverwundete 18jährige Philosophiestudent Helmut Zschuppe schreibt aus dem Lazarett nach Hause: »Gestern wurde mir das Eiserne Kreuz zweiter Klasse geschickt. Die Freude war doch eine kleine Genugtuung ... Da ich ein paar Minuten mit dem Kreuz allein war, hatte ich ganz andere Gedanken, als ich sie mir vordem ausgedacht habe. Es war, als sei das Eisen aus Granatsplittern gemacht. Das geronnene schwarze Blut auf dem todgelben Gesicht, dessen Mund offen steht. Die verkrusteten Eiterverbände, die würgenden Schreie der rauhen Kehlen. Das schlappige, brandige Fleisch des Beinstumpfes. Doch das soll und wird mich nicht abhalten.« Vier Tage später ist er tot. (KbSt 14.9.1917)

Der Parsival m. d. Eisern. Kreuz
Kgl. Kammers. Fritz Soot,
Wagner-Tenor der Dresd. Hof-
oper, jetzt i. Frankreich kämpfend.

Mit 16 Jahren das Eiserne Kreuz
Fähnrich Günther Paulus,
Held zweier Schlachten,
jetzt im Wiesbadener Lazarett.

Die 16jährige Kriegsfreiwillige Korporal Mariska v. Bognar erhielt vom Kaiser eine Goldbrosche.
28. März

Tapferkeits- und Verdienstorden sind auch in diesem Massenkrieg begehrte Auszeichnungen, die an etwa fünf Millionen deutsche Soldaten verliehen werden, freilich meistens in Form von niederrangigen Orden und Ehrenzeichen.

Kinder im Krieg

Massen von Propagandakarten transportieren im Krieg ihre Botschaft mit Hilfe von Kindermotiven. Die Rollenverteilung ist dabei stets klar: Die Mädchen sind die Krankenschwestern und Trösterinnen, die Jungen die tapferen Helden, die wild um sich schießen und keine Furcht kennen.

»Ich fürchte mich nicht vor den ›Boches‹«, also den Deutschen, ist die Aussage der Karte in fehlerhaft gedrucktem Französisch und Englisch: Der Junge ist bereits mit fünf Orden ausgezeichnet und hat schon einige Blessuren am Arm und am Auge. Aber er hält mit der Linken noch das Spielzeugschwert, womit er die »Boches« ins Jenseits befördert hat. Am Boden verstreut sind die Teile der Feinde. Ein abgehauener Kopf trägt immer noch die Pickelhaube. Das Kind soll den Erwachsenen ein Beispiel und eine Mahnung zur Tapferkeit sein.

In Kinderbüchern und Gesellschaftsspielen aller kriegführenden Staaten wird gegen böse und minderwertige Feinde gekämpft. Sogar die berühmte Käthe-Kruse-Werkstatt hat »feldgraue Soldaten« im Programm, natürlich zum Liebhaben für die Mädchen.

Die rasch wachsende Zahl der Waisenkinder überfordert die Kapazitäten der Kinderheime. Alleinstehende Kinder finden am leichtesten auf dem Land Unterschlupf, freilich nur, wenn sie kräftig genug zum Arbeiten sind. Manche elternlose größere Jungen, die sich für das Militär begeistern, melden sich zur Armee und werden dort als Maskottchen behalten, ernährt und zu »richtigen« Soldaten gemacht. Auf jeden Fall müssen, auch wenn es nicht Gesetz ist, die meisten Waisenkinder arbeiten, sogar die sehr kleinen, die hier (Bild oben) im Waisenhaus Erbsen schälen.

Das zwölfjährige galizische Bauernmädchen Rosa Zenoch hilft 1914 auf dem galizischen Schlachtfeld als Samariterin, läuft mehrfach in die Feuerlinie, um Verwundete mit Wasser zu versorgen – und wird von einem Schrapnellsplitter schwer getroffen und verliert einen Fuß. Die rührende Geschichte des Kindes geht durch alle Zeitungen, vor allem, als Kaiser Franz Joseph Rosa im Krankenhaus besucht und ihr eine edelsteinbesetzte Halskette und 10 000 Kronen schenkt. Rosa Zenoch wird zu einer Art k. u. k. Kriegsheiligen.

Das Kind der Kompagnie:
Ein bei einem Landsturmbataillon im Elsaß stehender Leser schreibt uns zu diesem Bilde: „Der Kleine gehört mit zur 3. Kompagnie, und erhält Kost und Kleidung von dieser. — Vater im Krieg gefallen, Mutter nach Frankreich durchgebrannt."

Deutsche Jungen müssen schießen lernen,

sie werden es brauchen, wenn sie erwachsen sind. Wer es zeitig lernt, bekommt eine sichere Hand und ein scharfes Auge, denn durch regelmäßige Schießübungen wird das Auge im Fern- und Scharfsehen geübt, und es erholt sich von der Anstrengung des andauernden Nahesehens beim Lesen und Schreiben.

Der Schießsport ist auch die zweckmäßigste Vorbereitung für den Militärdienst, der ruhige, sichere Schütze ist nicht nur der gefürchtetere Gegner für den Feind, er ist auch selbst der Gefahr weniger ausgesetzt, da ihn seine Vertrautheit mit der Waffe kaltblütiger macht und ihn den rechten Augenblick zum Feuern besser abpassen läßt.

Zum Erlernen des Schießens eignen sich am besten die präzise schießenden

Diana-Luftgewehre

die ungefährlichsten und im Gebrauch billigsten Uebungswaffen. Jeder Vater sollte seinem Sohne ein Diana-Luftgewehr als Weihnachtsgeschenk kaufen. Er wird selbst gerne damit schießen. In allen einschlägigen Geschäften von M. 3,50 bis M. 60,— zu haben. Jedes Gewehr trägt die Marke „Diana". Man achte darauf beim Einkauf und lasse sich niemals etwas anderes aufreden. — Das sehr interessant und lehrreich geschriebene Büchlein „Gefahrloser Schießsport für Jung und Alt", illustrierte Anleitung zum Erlernen des Schießens, wird auf Wunsch kostenlos zugesandt von der Waffenfabrik Mayer & Grammelspacher, Rastatt 1.

Wiener Karikatur auf die Fülle der Friedensvorschläge mit dem (übersetzten) Text: »Nein, wie sich alle um mich reißen!«

Eine der skurrilsten Aktionen für den Frieden ist die des amerikanischen Autokönigs Henry Ford 1915: Er chartert ein Schiff und fährt mit einer Pazifistengruppe nach Europa, um dort einen Verständigungsfrieden zu erreichen. Ford (mit Pelzkragen und Hut vorne) verficht die Idee, daß die Juden den Krieg angezettelt hätten, um Geschäfte zu machen. Nach seinem Scheitern meint er später: »Die ganze Welt hat über meine Friedensexpedition gelacht, ich weiß.«

Friedensappelle

Der 1. August 1917 ist der dritte Jahrestag des Kriegsbeginns, und Viktor Walther sinniert: »Drei Jahre Weltkrieg haben wir nun hinter uns ... Wie viele müssen noch bluten, ehe dieses Morden ein Ende findet? Und wann kommt das Ende, fragt man sich nach diesen schrecklichen Jahren?« Und die Wienerin Annerl Tampier erinnert sich an die Julitage 1914, »als das Gepäck schon zum Absenden bereit lag für die Urlaubsfahrt ins Ötztal. 3 Jahre trennen uns nur von jenen Tagen, doch welche Weltenferne liegt dazwischen. Sind wir wirklich noch dieselben Menschen, die damals so sorglos lebten?« (3.8.1917)

Den 1. August 1917 nimmt Papst Benedikt XV. zum Anlaß, um in einer Friedensnote an die Kriegsparteien zu appellieren, den Krieg zu beenden und dabei auf Annexionen wie Reparationen zu verzichten. Die Mächte lehnen den Vorschlag ab. Dabei zeigt sich, daß die Kirche selbst bei Katholiken kaum noch Autorität hat. Zu viele Kanonen wurden gesegnet, zu pathetisch der Heldentod besungen. So überlegt Viktor Walther zu Weihnachten 1916: »Kirche gehen? Zu was, warum? Dieser schreckliche Krieg, dieses scheußliche Morden hat doch jegliches Gefühl von Religion bei einem vernünftig denkenden Menschen vertilgt. Wie machtlos, wie schwach ist doch die Kirche mit all ihren schönen Worten und Lehren – wie ›Liebe deine Feinde wie dich selbst‹, ›Friede auf Erden‹, ›Eine Herde und ein Hirte‹ usw. – diesem scheußlichen Morden gegenüber. Der Christenheit Oberster, der Papst. Was kann er dagegen machen? Nichts, aber auch gar nichts. Ruhig schreiten die Großen dieser Erde, die Anstifter dieses blutigen Krieges, mit kaltlächelnder Miene über die Leichen. Schmach und Schande über dieses heuchlerische Christentum.«

Seit Kriegsbeginn hat es zahlreiche Friedensinitiativen gegeben. Schnitzler erwähnt den Plan des Wiener Brotfabrikanten Heinrich Mendl: »Schriftsteller (u. a. prominente Leute) der kriegführenden Staaten sollen in der Schweiz sich versammeln, einen Aufruf erlassen gegen die Verhetzung der Völker, darauf hinweisen, daß die Völker einander nicht hassen, nur die Regierungen etc... – Ich verhalte mich, den

Zwei Wochen nach der Papstbotschaft erklärt auch China den Mittelmächten den Krieg. Wiener Kommentar des mythischen Riesen Atlas, der die Weltkugel trägt: »Was? China auch noch? Jetzt wird's mir schon zu dumm, jetzt hau ich die Erd' um die Erd'!«

jetzigen Weltzustand betrachtend, zu der Idee eher skeptisch. Was gesagt werden könnte, ist Phrase, Selbstverständlichkeiten; – kommt man aufs concrete, so ist das politische nicht zu umgehen, wofür heute, aus innern und äußern Gründen Discussionsmöglichkeit zwischen Angehörigen feindlicher Mächte nicht vorhanden.« (AS 10.2.1915) Diese und ähnliche Aktionen verlaufen im Sand.

Auch der Internationale Sozialistenkongreß in Stockholm, wohin sogar deutsche Sozialisten reisen dürfen, bringt keine Annäherung. Statt dessen bemerkt Käthe Kollwitz im Juni 1917 verschärfte Einberufungen: »aus dem Straßenkarree Diedenhofener Straße, Weißenburger-, Treskow-, Rykestraße sind an einem Tag 200 junge Männer zwischen 17 und 18 Jahren fortgekommen.«

Was zu viel ist, ist zu viel.

Die Friedensfrage spitzt sich in Deutschland mehr denn je auf die Frage zu: Siegfrieden mit Annexionen oder Verständigungsfrieden ohne Annexionen. Hindenburg und die Alldeutschen wollen den Siegfrieden. Auf der anderen Seite steht immerhin die Mehrheit des Reichstags mit Zentrum, SPD und anderen Parteien, die sich – freilich ohne etwas zu bewirken – für den Verständigungsfrieden aussprechen, ebenso wie Reichskanzler Bethmann Hollweg. Dieser muß im Juli auf Ludendorffs Betreiben zurücktreten. Deutschland ist in zwei große, sich wild bekämpfende politische Gruppen zerfallen. Österreich-Ungarn, das einen Verständigungsfrieden ohne Annexionen will, ist gegenüber Berlin machtlos.

Besonders großen Unmut in der Bevölkerung weckt die Aktion, Kirchenglocken wegen Metallmangels zwangsweise einzuschmelzen, darunter auch die Kaiserglocke des Kölner Doms, mit 543 Zentnern die schwerste der Welt. Aus Thüringen berichtet Viktor Walther: »Am Montag kamen die drei Kirchenglocken von Mupperg runter. Auf den Abend zu wurden dieselben reich bekränzt hier vorbeigefahren ... Nun geht es wohl bald aufs Ende zu! Wird wohl noch nicht passiert sein, solange die Christenheit besteht, daß die Kirchenglocken zum Kriegführen Verwendung finden und um Tausende und Hunderttausende blühender Menschenleben zu vernichten. Ironie des Schicksals. Die bestehende sogenannte göttliche Weltordnung wird so langsam umgekrempelt werden. Der Anfang ist gemacht.« (24.6.1917) *Photo: Die Dorfglocken aus dem Pustertal vor dem Abtransport, photographiert von Walther Hamann.*

Not an allem

1917 erläßt das Deutsche Reich eine Kleiderordnung, wonach jeder Zivilist nur folgende Kleidungsstücke haben darf: zwei Anzüge, zwei Kittel, zwei Hosen, einen Überzieher, drei Hemden und Unterhosen, drei Paar Stiefel und vier Paar Socken. Alles übrige muß abgeliefert werden. Am 10. Oktober notiert auch Schnitzler in Wien: »Gerücht von bevorstehender Wäscheconfiscation (z. B. bis auf 3 Hemden –). Das wäre das schlimmste.« Sämtliches Leder ist längst für die Armee beschlagnahmt. Zivilisten müssen für ihre Schuhsohlen Pappe oder Stroh nehmen. Die Postzustellung wird reduziert, da die Postboten ihre Schuhe schonen müssen. Bei Bauern wird ständig eingebrochen. Viktor Walther freut sich, daß die Diebe die versteckten Lebensmittel nicht aufgespürt haben, aber: »Sonst nahmen sie mit, was ihnen in die Hände kam. Etliche Paar Schuhe, Strümpfe, zwei Töpfe Käse unter dem Kanapee, Wolle. Ein ziemlicher Schaden, da das Schuhwerk in dieser Zeit kaum zu ersetzen ist.« (8.4.1917)

In österreichischen Lazaretten gibt es seit 1915 nur noch Decken mit einer Füllung aus zerknittertem Zeitungspapier, was als Errungenschaft angepriesen wird: »Sehr leicht und dabei doch warm, haben sie den ungeheuren Vorteil, daß die Papierfüllung sich jederzeit erneuern läßt, die Decke daher nie ein Infektionsherd werden kann.«

Der Lehrer Franz Jungbauer sorgt sich: »Mit der Physik wird's schlecht ausschauen, wenn man keine Materialien hat, denn offenbar werden auch die physikalischen Kabinette vom Staate geplündert worden sein, um manche rar gewordenen Stoffe zu erhalten.« (7.5.1917) Und Menschen mit schlechten Zähnen klagen über unbrauchbare Gebisse: »Die Zähne sind aus Kautschuk, ganz stumpf, so daß ich gar nicht darauf beißen kann. Kriegsschund.« (Pöhland 18.8.1916)

SAMMELT
ausgekämmtes Frauenhaar!
Unsere Industrie braucht es für Treibriemen.
Annahme:

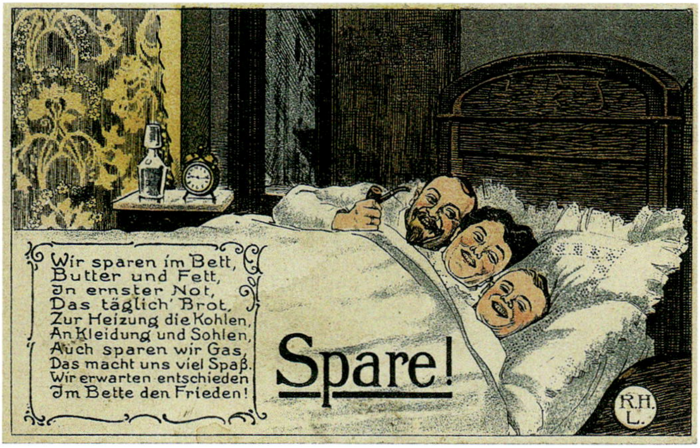

Heinrich Zille:
»Wenn ick jetzt Lumpen hätte!«

Als »vorzügliches Seifenersatzmittel« wird der Anbau der Seifenpflanze empfohlen, jedoch mindestens 20 Stück, »denn auf genügend Seife zur Wäsche ist noch lange nicht zu rechnen, selbst wenn wir den ersehnten Frieden bald erleben sollten«. Wie alle kriegsmäßigen Ersatzmittel ist auch dieses äußerst mühsam: Wenn die Pflanzen wirklich gedeihen, müssen die kleinen Wurzeln ausgestochen, gerieben, eingeweicht und aufgebrüht werden. Der Erfolg der Waschprozedur ist keineswegs sicher. Vor allem gibt es in den Städten kaum noch freie Flächen, da jedes Stückchen Erde bereits für den Anbau von Kartoffeln und Gemüse bis hin zu Brennesseln genutzt ist.

Der Mangel an Fett läßt auch die Seife verschwinden. Die neuen Seifenkarten helfen mangels Angebot wenig.

Ausweis
über den
Verbrauch von Seife und Seifenpulver
für die Monate
Dezember 1917, Jänner, Februar, März 1918

Diese Karte ist in ganz Österreich gültig und unübertragbar. Verkauf nur gegen Abtrennung der entsprechenden Abschnitte. Nachdruck verboten. Zuwiderhandeln wird bestraft mit Geld bis 20.000 Kronen und Arrest bis zu 6 Monaten, allenfalls Verlust der Gewerbeberechtigung.

Es sind abzutrennen:

für 1 Stück K. V. Seife . . . . 2 Abschnitte
für 1 Stück K. V. T. Seife . . . . 2 Abschnitte
für je 125 g K. V. Seifenpulver . . . . 1 Abschnitt
für 1 Stück Toiletteseife im Gewichte von 80—120 g . . . . 3 Abschnitte
für 1 Stück Rasierseife im Gewichte von 80—120 g . . . . 3 Abschnitte
für je 100 g andere Seifen mit einem Fettgehalt von 10—20 % . . . . 1 Abschnitt
für je 100 g andere Seifen mit einem Fettgehalt von 20—40 % . . . . 2 Abschnitte
für je 100 g andere Seifen mit einem Fettgehalt über 40 % . . . . 3 Abschnitte
für je 200 g fetthaltige Wasch- und Scheuermittel 1 Abschnitt

Innerhalb der ersten zwei Monate dürfen auf Grund dieser Ausweiskarte nicht mehr abgegeben werden als
1 Stück K. V. Seife oder K. V. T. Seife und 250 g K. V. Seifenpulver, oder
2 Stück K. V. Seife, oder
2 Stück K. V. T. Seife, oder
1 Stück K. V. Seife und 1 Stück K. V. T. Seife, oder
500 g K. V. Seifenpulver.

Etappe

Je länger der Krieg dauert, desto lauter werden die Klagen der Front über das Versagen der Etappe und der Kriegsverwaltung, denen Rücksichtslosigkeit, Rechthaberei, vor allem Unkenntnis des Frontlebens vorgeworfen werden. Die oberen Militärs leben weit weg vom Krieg. Sogar manche Generäle lassen sich nie an der Front sehen.

Franz Jungbauer berichtet von der Isonzofront, die Stimmung sei sehr schlecht, »besonders, wenn man sieht, wie die Offiziere hinter unserer Front prassen, alle möglichen Abwechslungen haben und viele Vergnügen zugänglich sind, die uns schon fremd wurden«. (13.2.1916) Er reagiert schadenfroh, als im Juli 1916 ein bisher unabkömmlicher Offizier der 8. Dienstklasse panisch reagiert: »Dieser muß heute auf den Beobachtungsstand gehen und ist ganz weg, da sein Vorgänger schwer verwundet wurde ... Jetzt sieht er mit eigenen Augen, welch himmelweiter Unterschied ist, zuhause als ›unentbehrlicher‹ zu sitzen oder im Felde seinen Mann zu stellen.« (28.7.1916) Und ein Unbekannter schreibt in einem Feldpostbrief: »Das Gesindl kann leicht lachen, dort wird nix geschossen, und zu saufen gibt es immer was.«

Walther Hamann klagt, daß seine Arbeit bei den Pionieren durch »Widersprüche in den Befehlen und kleinliche Bevormundung durch zahlreiche Vorgesetzte arg gehemmt wird«. (9.6.1916) Die Wiener Behörden hätten keine Ahnung vom Alltag an der Front und seien mit ständigen neuen Verordnungen eine große Plage: »Jede Armee hat ihre eigenen Druckereien, welche die Herstellung dieser gedruckten, bei 3–4tägigem Erscheinen oftmals 6–10 Seiten starken Armeebefehle besorgen.« (6.11.1916) Beschwerden dieser Art gibt es in Hülle und Fülle.

Hier besteht kein Mangel an Lebensmitteln: Ein wohlbeleibter Offiziersbursche mit Zigarre im Mund holt für seinen Herrn eine Wurst ab, die laut Aufschrift aus der Abteilung »Ohne Fleischmarke« genommen wird.

Karikatur des schönen Lebens in der Etappe, die bei manchen oberen Militärstäben noch 1917 Realität ist.

In der flandrischen Etappe
(Place d'Armes)
Anstehn bei
Madame Aline Florimond.
Madame Aline: Bitte, der
nächste Herr!

Heinrich Zille zeichnet 1917 diese Bordellszene »In der flandrischen Etappe« mit dem Text: »Anstehn bei Madame Aline Florimont. Madame Aline: Bitte, der nächste Herr!« In den besetzten Gebieten, vor allem im nordfranzösischen Lille, entstehen Vergnügungszentren für die deutschen Besatzer.

Angeblich erging ein solches Verbot, um die Truppe vor »roter« Infiltration zu schützen.

Der Besuch nachstehender Vergnügungsstätten, Bars, Cafés usw. in Groß-Berlin ist Militärpersonen aller Dienstgrade verboten:

Admirals-Bar	Friedrichstr. 101.
Tusculum	„ 10.
Maxim	Jägerstraße 63.
Metropol-Bar	Behrenstraße 55/57.
Motz-Bar	Motzstraße 21.
Robert Höft	Charlottenburg, Nehringstr. 25.
Café Rhenania	Markgrafenstraße 20.
Müller	Brandenburgstraße 62.
Sohr	Grenadierstraße 26.
Gradt	Königgrätzer Straße 68.
Georg Lehmann	Brunnenstraße 47.
Dirsche	Linienstraße 151.
Deutsches Caféhaus (früher Tango)	Potsdamer Straße 61.
Café Wiedersehn	Puttkamerstraße 15.
Lindenberger	Steinmetzstraße 14.
Hannemann	Simeonstraße 7.
Wichmann	Frankfurter Allee 255.
Barczynski	Berlin-Schöneberg, Hohenfriedbergstr. 15.
Strauß	Berlin, Brunnenstr 183.
Behring	Cöpenick' Berliner Str. 5.
Volks-Kaffee u. Speisehallengesellschaft	Berlin, Neue Schönhauser Str. 13
Wilhelm Behrens	„ „ „ „ 11
Gustav Brandsschädel	„ „ „ „ 14
Johann Täubner	„ „ „ „ 16
Frl. Henriette Karlowsky	Charlottenburg, Marburger Str. 1
Schankwirtschaft Böldecke	Neuenburgerstr. 1a.
Nosber	Zossener Straße 7.
Schüller	Gipsstraße 7.
Leinert	Admiralstraße 9.
Nieke	Revaler- Ecke Matkowskystr.
Adolf Gürtler	Spandauer Straße 9.
Unglaube	Neukölln, Prinz Handjerystr. 72.
Lange	Berlin, Wassertorstraße 44.
Korzennik	„ Arndtstraße 32.
Nordpark-Bierpalast (Inh. Emil [J?]anike)	Berlin, Müllerstraße 143a.
Boley	„ Exerzierstraße 24.
Pompl	„ Lothringer Straße 53.
Leppach	Neukölln, Schinkestraße 3.
Martha Albrecht	Potsdamer Str. 86a
Dreyer	Berlin, Quitzowstraße 69/70.
Martha Glück	Wilhelmshavener Str. 21.
Scholz	Goltzstr. 20.
Weinstock	Warschauer Str. 49.
Niesler	Berlin, Oderberger Str. 54.
Jakob Seppelt	Berlin, Neue Schönhauser Str. 17
Heinrich Grundmann	„ „ „ „ 19
„Pension Müller"	Charlottenburg, Marburger Str 18
Rheinische Winzerstuben	Leipziger Str. 31-32
Kurion Erdmann (auch Concordia gen.)	Tauentzienstraße 16, Eingang Marburger Str. 18.
Emilie Schafflik	Stralauer Str. 42-43,
Weinstuben Marta Groß	Bülowstr. 91.
Jenny Liese,	Berlin, Roßstr. 19/20.
Unterhaltungsrestaurant „Wien-Berlin" G.m.b.H.,	Jägerstr. 63.

Der Kommandant

v. Bonin.

Generalleutnant.

Berlin, August 1918.

Der Fluß Isonzo, der, aus den Julischen Alpen kommend, in den Golf von Triest mündet, bildet in zwölf Schlachten die umkämpfte Grenze zwischen Italien und Österreich-Ungarn im slowenischen Karst.

Am Isonzo

Die elfte Isonzoschlacht bringt die k.u.k. Armee an den Rand des Zusammenbruchs. Bereits am achten Tag, dem 26. August 1917, bittet Kaiser Karl den deutschen Kaiser dringend um Hilfe bei der schweren Artillerie und um die Freigabe österreichischer Truppen von der Ostfront. Er wünsche aber als k. u. k. Oberbefehlshaber, »die Offensive gegen Italien nur mit Meinen Truppen zu führen. Meine ganze Armee nennt den Krieg gegen Italien ›unseren Krieg‹. Jeder Offizier hat von Jugend auf das von den Vätern ererbte Gefühl, die Sehnsucht in der Brust, gegen den Erbfeind zu kämpfen. Würden uns deutsche Truppen helfen, so würde dies niederdrückend, auf die Begeisterung lähmend wirken ... Die Zeit drängt.«

Wilhelm II. antwortet am 1. September: Die OHL könne die k. u. k. Divisionen nicht im Osten abziehen, wolle aber deutsche Truppen schicken. Karl könne überzeugt sein, »daß es nicht nur bei Meiner Armee, sondern in ganz Deutschland Jubel auslösen würde, wenn es gelänge, daß deutsche Truppen mit Deinen braven Isonzokämpfern dem wortbrüchigen Italien zu Leibe gingen.« Das Verhältnis der Bundesgenossen ist angespannt. Ludendorff hat wenig Vertrauen in die k. u. k. Armee und deren Führung, will auch die Truppen der Mittelmächte mischen und damit unter Beobachtung haben.

Mitte September, als die elfte Isonzoschlacht mit großen Verlusten Österreich-Ungarns zu Ende geht und laut Walther Hamann »unaufhörlich große Verwundetentransporte« gesichtet werden, die sogar »neue große Feldspitäler mit chirurgischen Abteilungen« erfordern, sind in der Gegenrichtung riesige Truppen- und Munitionstransporte unterwegs: Die Deutschen schicken sieben Divisionen, dazu schwere Artillerie und Unmengen von Munition. Sie haben auch eine neue Strategie mitgebracht: Sie wollen angreifen und nicht – wie die k. u. k. Armee in den vorigen elf Schlachten – nur verteidigen. Und sie wollen nicht, wie bisher üblich, vom Hochgebirge aus operieren, sondern vom Tal aus, aus einer Gegend, die bisher nur wenige Kämpfe erlebte: dem Flitscher Becken und Tolmein.

Zur Überraschung der Italiener beginnt die Offensive am 24. Oktober frühmorgens mit einem Gasangriff mit hier bisher unbekannten Phosgengranaten und dem üblichen Gelb-, Grün- und Blaugas. Die Italiener haben keine Gasmasken und können in dem engen Tal auch nicht ausweichen. Sie liegen tot oder betäubt bei ihren Geschützen. Die Truppen der Mittelmächte haben freies Feld zum Vorrücken. In vier Tagen ist die zwölfte Isonzoschlacht entschieden – der Siegeszug geht weiter. Hamann kommt am 29. Oktober mit seiner Kompanie in das zurückeroberte Görz: »Dieses brennt noch, auch sind Barrikaden und Drahtverhaue noch vorhanden. Orgien der durchziehenden Truppen.« Einzelheiten notiert er nicht. Als Eisenbahnpionier hat er viel zu tun: »Rekognoszierung der Isonzobrücke. 2 Pfeiler, 2 Bogen gesprengt. Unglücksfälle durch gefundene Feindmunition, besonders Handgranaten. Furchtbare Verwüstungen.« (30.10.1917) Erst am Piave gelingt es den Italienern mit britischer und französischer Hilfe, die Front zu stabilisieren. Am 2. Dezember, als wegen Schlechtwetters die Munitionstransporte hängenbleiben, ist die siegreiche Schlacht zu Ende. Kriegsentscheidend ist sie freilich nicht. Das größte Problem stellen nun die fast 300 000 italienischen Gefangenen dar in einer Zeit, in der die eigene Bevölkerung hungert.

Diese martialische Dame ruft zur Zeichnung von Kriegsanleihen auf, »damit Italien siegreich ist« (links).

Durch Gas und Artilleriefeuer getötete Italiener im Karst (oben).

Verwundetentransport im Gebirge (unten).

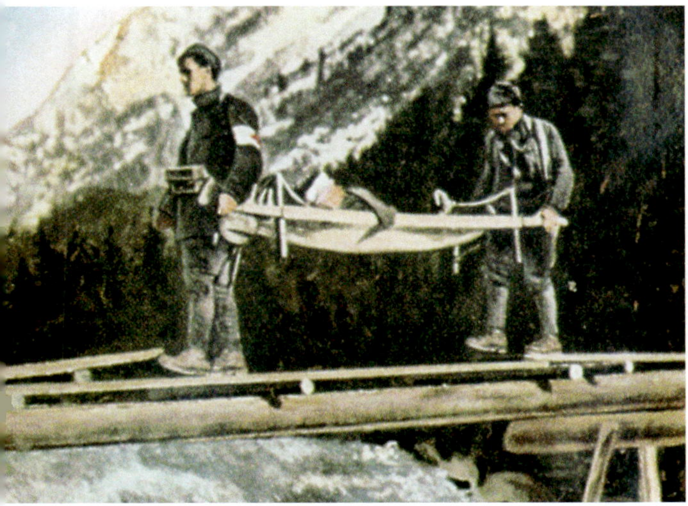

Der bei den Zeitgenossen bekannte Dichter Richard Dehmel meldet sich im August 1914 trotz seiner 51 Jahre als Kriegsfreiwilliger und bleibt zwei Jahre lang im Feld. Seiner Kriegsbegeisterung gibt er in vielen Texten Ausdruck (s. S. 45).

Reichskanzler Bethmann Hollweg weist den norwegischen Schriftsteller Bjørn Bjørnson an, was dieser als angeblich unparteiischer Kriegskorrespondent zu schreiben hat. Der berühmteste Kriegsberichterstatter in deutschen Diensten ist der schwedische Forschungsreisende Sven Hedin. Er reist im Auto, begleitet von Presseoffizieren, an die Front und gibt darüber mit Förderung der deutschen Behörden dicke, reich bebilderte Bücher in hohen Auflagen heraus, zum Beispiel »Nach Osten« und »Ein Volk in Waffen«.

Presse im Krieg

Seit Kriegsbeginn gibt es in allen kriegführenden Staaten keine freie Presse mehr. Pazifistische Journalisten sind längst mundtot gemacht oder in die Emigration getrieben. Die Zeitungen stehen ganz unter der Kontrolle der Militärs und der Zensurbehörden. Ein Journalist, der das Presseamt über die Entrüstung der Bevölkerung wegen der »albernen Nachrichtencensur« informiert, erhält laut Schnitzler die Antwort: »Das Volk hat im Krieg zu gehorchen und zu schweigen.« (26.9.1914)

Mangel an Mitarbeitern haben die Pressebehörden nicht. Denn viele Schriftsteller und Maler stellen sich freiwillig in den Dienst des Staates, um Kriegspropaganda zu machen – gegen gutes Honorar und vor allem, um nicht ins Feld zu müssen, darunter Ludwig Ganghofer, Egon Erwin Kisch, Hugo von Hofmannsthal, Alexander Roda Roda, zeitweise auch Rainer Maria Rilke, Stefan Zweig und viele andere.

Mit wilden Lügenmärchen wird die Bevölkerung aller kriegführenden Länder gegen die Feinde aufgehetzt. Wie solche Greuelgeschichten zustande kommen, berichtet der spätere Historiker Heinrich Benedikt, der als junger k. u. k. Offizier zeitweise im Kriegspressequartier arbeitete: Nach dem Abzug russischer Offiziere aus einem Schloß in Czernowitz hat er das Inventar zu überprüfen. Es fehlt nichts, im Gegenteil: In der Eile ist eine Ikone zurückgeblieben. Dann macht er sich »im Dienste des Vaterlandes« an die Arbeit: »Befehl ist Befehl. Ich setzte mich hin und schilderte alle Greuel, welche mir die Phantasie eingab.« Die erfundene Geschichte von den plündernden und mordenden Russen in Czernowitz verbreitet sich bis in die Berliner Zeitschrift »Die Woche«.

Karikatur der deutschen Liller Kriegszeitung über die Kriegsberichterstatter, die am Schreibtisch in aller Behaglichkeit ihren Phantasien über den Krieg freien Lauf lassen.
Aus bitterer Erfahrung mit ahnungslosen Journalisten schreibt der Soldat Franz Jungbauer an der Südtirol-Front:
»Es ist nicht alles so gut und schön, wie es in den Zeitungen steht. Die Artikel ›Aus dem Felde‹, oder wie sonst überschrieben sein mögen, stammen nie von der Front.« (13.2.1916)

Je mehr der Stahl geglutet,
Je besser ist das Schwert.
Je mehr ein Herz geblutet,
Je größer ist sein Wert.

Ein Kriegsspruch von Peter Rosegger.

Ausgerechnet die von Karl Kraus verhöhnte Alice Schalek, Kriegsreporterin der »Neuen Freien Presse« in Wien, macht sich die Mühe, monatelang an der Front zu recherchieren und dann wahrheitsgetreu darüber zu berichten. Überdies hält sie öffentliche Vorträge und illustriert sie mit eigenen realistischen Photos von der Front. Käthe Kollwitz nach dem Erlebnis eines gutbesuchten Berliner Schalek-Vortrags: »Drei Monate an der Isonzofront. Das furchtbar schwere Leben der Soldaten dort.« (21.1.1917)

Angesichts der starken Artillerie wird bereits 1914 die Notwendigkeit gepanzerter Fahrzeuge offenbar. Die k.u.k. Armee setzt an der Ostfront Panzerzüge zur Absicherung ein, die sich auf den langen Strecken, so hier in den Karpaten, bewähren.

Panzer in Cambrai

Die großen Anfangsprobleme der neuen englischen Panzer bewirken bei den Deutschen, daß sie diese Waffe unterschätzen und sich nicht rechtzeitig um eine eigene Panzerproduktion bemühen.

So ist es ein großer Schock, als »Tanks« am 20. November 1917 unerwartet bei Cambrai angreifen, rund achtzig Kilometer südöstlich von Ypern, einem bisher ruhigen Frontabschnitt mit nur schwacher Verteidigungsstellung. Hier gibt es keinen sumpfigen, durch Kämpfe aufgewühlten Boden, sondern unversehrte feste, trockene, kreidige Erde, die für den Einsatz von Panzern ideal ist. Der Angriff in den frühen Morgenstunden ist furchterregend: Durch künstliche Rauchwolken verhüllt, nähern sich fast vierhundert im Verbund operierende Panzer auf einer Breite von neun Kilometern. Sie schlagen Schneisen in die drei hintereinander liegenden Stellungen der Deutschen, immerhin eine Strecke von sechs Kilometern Tiefe, und walzen alles samt den Drahtverhauen nieder. Die Deutschen haben kein Gegenmittel gegen die scharf feuernden Ungetüme und fliehen. Zwölf Stunden später können die Panzer nicht weiter, da die Infanterie nicht rasch genug nachkommt und auch der Nachschub ausbleibt.

In dieser willkommenen Atempause sammeln die Deutschen ihre Truppen und stocken sie rasch auf. Am 30. November überraschen sie nun ihrerseits die Briten mit einer starken Gegenoffensive. Dabei nehmen sie den Gegnern sämtliche gerade errungenen Geländegewinne wieder ab und zerstören und erobern ein Drittel der britischen Panzer. Wieder einmal endet eine Schlacht unentschieden. Auch die Verluste – mehr als 40 000 Mann auf jeder Seite – halten sich die Waage. Die Panzer aber, so groß der erste Schreck war, scheinen nun entzaubert.

Die Italiener konzentrieren sich auf den Bau von gepanzerten Autos, die in hohen Stückzahlen zum Einsatz kommen.

„Nu, Karl, wie waer's mit so een Kriegsandenken an der Uhrkette?"

Die Briten konstruieren unter größter Geheimhaltung eine völlig neue Angriffsmaschine: große, geländegängige Kettenpanzer, die geeignet sind, das durch Stacheldrahtverhaue geschützte Grabensystem des Gegners gewaltsam zu überwinden und damit zum Angriff überzugehen, bei einer Geschwindigkeit von sechs Kilometern pro Stunde. Die ersten »Tanks« sind sehr störanfällig und werden leichte Beute der deutschen Artillerie. Der Spott über die Ungetüme ist groß.

Einer der zahlreichen bei Cambrai erbeuteten britischen Panzer. Während Ludendorff Panzer für überflüssig hält, verbessern vor allem die Engländer rasch diese Waffe, die bald kriegsentscheidend wird.

Im flandrischen Schlamm und Dreck versinken sogar Panzer. Dagegen bewährt sich die Waffe in Cambrai.

Die Innenstadt von Cambrai nach der Schlacht 1917.

Eine gesprengte Brücke, die von Pionieren wieder aufgebaut werden muß.

Mancher Überraschungsangriff gelingt nur, weil die Pioniere nachts Pontonbrücken vorbereiten, auf denen im Morgengrauen Tausende von Infanteristen den Fluß überqueren können.

Pioniere

Pioniere haben die Aufgabe, die kämpfenden Truppen technisch zu unterstützen. Sie bauen Feldbahnen, Pontonbrücken, reparieren zerbombte Straßen, Bahngeleise und Drahtseilbahnen. Im Verlauf des Krieges gewinnen sie an Bedeutung: in Scheinwerferkompanien, beim Sprengen von Festungen, beim Einsatz von Flammen- und Minenwerfern, bei der Organisation von Gasangriffen und anderem.

Der 25jährige Wiener Technikstudent Walther Hamann wird 1914 Pionier in einer Eisenbahnkompanie und erlebt 1915 den beruflichen Höhepunkt seines Lebens, als er in Südtirol selbständig einen wichtigen Abschnitt der Grödnerbahn bei Klausen/Chiusa konstruieren und als Bauleiter betreuen darf, inklusive des großen Conrad-von-Hötzendorf-Viadukts, das eine Hochgebirgsschlucht überquerte. Immerhin ist der 26jährige Leutnant dabei für 80 Mann und 280 russische Kriegsgefangene verantwortlich.

Seine Aufzeichnungen seit 1916 aber zeigen, daß die Arbeit der k.u.k. Pioniere wegen Materialmangels immer schwieriger wird. Holz, Schwellen, Eisen, Benzin, Lastwagen: Alles muß mühsam »requiriert« werden. Stundenlang reitet Hamann durch das Umland, bis er endlich in einem Sägewerk fündig wird: »Ich finde ca. 20 m^3 langes Rundholz vor, eine wenig leistungsfähige Säge, Besitzer nach Italien geflüchtet.« (19.3.1916) Zehn Tage später notiert er, »daß infolge des äußerst minderwertigen Materials der Ersatztransporte die Eisenbahnkompagnien langsam ihren Charakter als solche verlieren, zu Arbeiterabteilungen herabsinken und an Leistungsfähigkeit ungemein eingebüßt haben«. (29.3.1916) Und: »Heute fanden infolge Mängel im Oberbau und der Unvorsichtigkeit der Lok-Führer nicht weniger als drei Entgleisungen statt.« (13.4.1916)

1917 ist die Lage aussichtslos: »Materialzuschub für Bahntangente eingestellt. Heizhaus ohne Kohlen.« (10.9.1917) »Wieder einmal Einstellen der Arbeiten an den Objektsbauten.« (17.9.1917) Und bei Schienenarbeiten: »Mangel an technischem Material: es fehlt an Kleineisenzeug, insbesondere an Schienennägeln u. dgl.« (4.10.1917)

Seit 1916 klagt Hamann immer häufiger über mangelnde Ernährung seiner im Hochgebirge täglich bis zu zwölf Stunden schwer arbeitenden Männer. Am 26. März 1916: »Leider herrscht großer Brotmangel. Pro Mahlzeit ist jedem nur 1 Stück Brot zugewiesen.« Am 4. April, nach weiterer Reduzierung, protestiert, von Hamann unterstützt, die Mannschaft, mit nur geringem Erfolg. Spätestens im Herbst 1917 ist die k. u. k. Armee bei der Verpflegung und Ausrüstung der Truppen am Ende. Hamann: »Die Verpflegsgebühren der Kriegsgefangenen werden um 80g Polenta pro Mann vermindert. Die Leute sind ohnehin sehr entkräftet.« (17. 7. 1917) »Die Mannschaft leidet unter schlechter Ausrüstung.« (10. 10. 1917) »Schwierigkeiten wegen Unterkunft und Verpflegung; schwere Nachtarbeit.« (13. 10. 1917) »Es sind noch keine Wintermonturen da.« (19. 10. 1917) »Mannschaft, insbesondere Kriegsgefangene, leiden wegen ungenügender Verpflegung und ungesunder Quartiere.« (22. 10. 1917)

Da keine Arbeit mehr möglich ist, setzt Hamann für Februar 1918 einen dreimonatigen Studienurlaub durch und legt im April 1918 an der Technischen Hochschule in Wien seine letzte Staatsprüfung ab. Das Kriegsende erlebt er als Eisenbahnspezialist beim Armeeoberkommando in Baden bei Wien.

Bauleiter Walther Hamann (links stehend) 1915 bei der Arbeit an einer kleineren Brücke in Südtirol. Die meisten Arbeiter sind russische Kriegsgefangene.

Oktoberrevolution

Wie die meisten Deutschen ist auch Walther Hamann von der Fülle der Ereignisse verwirrt: »Im großen Rußland geht's drunter und drüber, Revolutionen bereiten sich dort vor gegen die Revolution, im Westen tobt die fürchterlichste aller Schlachten. Und man sitzt als armes Menschlein mitten drin in der bedeutendsten Weltgeschichte und ist sich seiner Ohnmacht und Kleinheit erschrecklich sehr bewußt.«

Die russische Kerenski-Offensive ist ein Fehlschlag, da die Soldaten massenweise desertieren. Viktor Walther sinniert über die Zeitungsmeldungen: »Die russische Armee scheint kriegsmüde zu sein, nun, wie die anderen auch.« (29.7.1917) Die Besetzung Rigas macht keinen Eindruck auf ihn: »Die Zeichnung der 7. Kriegsanleihe liegt auf, das ist die Erklärung dieser Offensive, weiter hat es keinen Sinn, auch wenn wir Petersburg besetzt hätten, wär's dasselbe.« (8.9.1917) Auch Käthe Kollwitz beobachtet den Siegestaumel mißbilligend: Kaiser Wilhelm spreche von Riga als der »deutschen Stadt«. Und: »Die Alldeutschen mächtig an der Arbeit.« (9.9.1917) Die Alldeutschen, die Hindenburgs Eroberungsprogramm unterstützen, fordern eine Gebietserweiterung des Reiches nach Osten – nun, da die Russen kampfmüde sind.

Am 9. November (nach russischem Kalender 27. Oktober) übernehmen die Bolschewisten unter Lenin und Leo Trotzki gewaltsam die Macht. Im November notiert Walther aufgeregt: »In Rußland gibt es wieder Revolution, die Nachrichten überstürzen sich dort. Wie es scheint, gewinnt Lenin, der Führer des Arbeiter- und Soldatenrates an Macht.« (18.11.1917) Am 28. November bietet Rußland den vier Mittelmächten den Waffenstillstand an, der am 5. Dezember abgeschlossen wird. In der von den Deutschen besetzten Stadt Brest-Litowsk beginnen die Friedensverhandlungen.

Die Deutschen erobern im September 1917 gegen einen schwachen russischen Gegner Stützpunkte im Nordosten, vor allem Riga und strategisch wichtige Ostsee-Inseln.

Lenin als der weltumspannende große Säuberer, der die Könige, die Reichen und die Popen hinwegfegt. Originalunterschrift: »Genosse Lenin säubert die Erde vom Gesindel«. Ganz deutlich wird hier der internationale Anspruch der bolschewistischen Revolution.

Die Friedenshoffnung drückt sich auch in Bildern wie diesem aus: Unterhaltung zwischen einem deutschen und einem russischen Posten im russischen Schnee.

Diese Weltkarte mit dem Stand von Ende 1917 zeigt die Machtverteilung nach dem Kriegseintritt der USA, Chinas, Brasiliens und anderer Länder. Rein geographisch gesehen, ist die Lage der Mittelmächte (blau) hoffnungslos. Die Karte zeigt aber auch, wie wichtig für die Mittelmächte der Friede mit einem so nahen und großen Gegner wie Rußland ist.

Die Eroberungsstimmung zeigt sich in dieser neckischen Karte, die im von den Deutschen besetzten Riga gedruckt wird: »Feldgrau in Riga. ›Nicht so eilig, kleine Russin. Ihre Landsleute holen Sie doch nicht mehr ein!‹«

Dieses keineswegs den Krieg verherrlichende Bild ist nicht zwischen 1914 und 1918 gedruckt, sondern bereits 1906, also in einer Zeit, als sich der »Simplicissimus« noch kritische Abbildungen leisten konnte.

Todesgraben

1914, vor dem Abtransport der Soldaten, hatte Käthe Kollwitz über den gemeinsamen Feldgottesdienst notiert: »Der Prediger hätte an den römischen Helden erinnert, der sich in den Abgrund stürzte und damit ihn schloß.« Es handelt sich um die Szene des nebenstehenden Bildes und die Geschichte von dem einzigen noch nötigen Toten, der endlich dem Frieden den Weg bereitet. Was den vom Geistlichen erwähnten Abgrund betrifft, schreibt Käthe Kollwitz später, als ihr Sohn bereits zwei Jahre tot ist: »Der Abgrund hat sich nicht geschlossen. Millionen hat er verschlungen und klafft noch ... Ist es treulos gegen Dich – Peter – daß ich nur noch den Wahnsinn jetzt sehn kann im Kriege?« (10.10.1916)

»Ich geh' zu den Menſchen«, der Friede rief.
Da war eine Grube, ſo breit und tief,
Die er nicht umgehn, überſpringen kann,
Die hält ihn an.

Wie ratlos er über die Grube blickt,
Steht drüben der Krieg; der grinſt und nickt
Und schaufelt bedächtig und ohne Ruh
Die Grube zu.

Er füllt ſie mit blutigen Leibern an,
Damit der Friede hinüber kann.
Und warf er den letzten Menſchen hinein,
Dann wird es sein.«

Käthe Kollwitz notiert zu Silvester 1917: »Was hat dieses Jahr gebracht? Was hat es genommen? Es war schwer und ernst wie die beiden andern Kriegsjahre. Es hat nicht den Frieden gebracht. Es hat immer genommen und genommen. Menschen genommen und Glauben genommen, Hoffnung genommen. Kraft genommen. Gegeben hat es neue Ausblicke durch Rußland.« 1917 starben allein in Deutschland 260 000 Zivilisten an Hunger oder dessen Folgen. An der Front fielen 620 000 deutsche Soldaten.

Nun muß der Jahrgang 1898 ins Feld: 18jährige, seit Jahren unterernährt, schlecht ausgebildet, nur wenige begeistert vom Krieg. Käthe Kollwitz denkt an das Jahr 1914 zurück: »Ganz unmöglich war mir damals die Vorstellung, die Jungen gehen zu lassen, wie die Eltern jetzt gehen lassen müssen, ohne inneres Ja-Sagen – nur zur Schlachtbank. Das ist das, was alles anders macht. Das Gefühl, wir waren betrogen damals. Und der Peter lebte vielleicht noch, wenn nicht dieser furchtbare Betrug gewesen wäre. Der Peter und die Millionen und Millionen, viele Millionen anderer. Alle betrogen.« (20.3.1918)

In der Endphase des Krieges soll die deutsche Geschichte Zuversicht geben. König Friedrich II. von Preußen, der als Feldherr manche gefährliche Krise meistern mußte – und auch gelegentlich einfach Glück hatte –, wird zitiert: »Es wird das Jahr stark u. scharf hergehn – Aber man muß die Ohren steif halten u. Jeder, der Ehre u. Liebe für das Vaterland hat muß alles daran setzen.« Hindenburg jedenfalls beschließt das Jahr 1917 mit den Worten: »Der Segen Gottes ruhte 1917 auf unseren Waffen. Er wird 1918 unsere gerechte Sache zu einem guten Ende führen!«

Es wird das Jahr stark u. scharf
hergehn – Aber man muß die Ohren
steif halten u. Jeder, der Ehre u.
Liebe für das Vaterland hat
muß alles daran setzen.
Friedrich der Große

Streiks

Trotz der strengen Zensur gelangen die revolutionären Parolen der Bolschewisten in die westlichen Großstädte und bestärken den schon lange bestehenden politischen Unmut der hungernden und durch die Kriegsgesetze entrechteten Bevölkerung. Mitte Januar 1918, während in Brest-Litowsk die Friedensverhandlungen laufen, brechen in Österreich-Ungarn Unruhen in Munitionsfabriken aus. Auslöser ist die Verkürzung der täglichen Brotration von 200 auf 165 Gramm, doch immer lauter werden die Parolen der Revolution: »Die russischen Arbeiter und Soldaten haben mit den schärfsten Mitteln des Klassenkampfes, mit Massenstreik, Meuterei und Straßenkampf, nicht nur für die eigene Freiheit gestritten! Sie haben ihr Blut vergossen für die Befreiung aller Völker der Erde von den Leiden des Krieges und vom Joch des Kapitalismus ... Proletarier aller Länder, vereinigt Euch!« Der Aufstand gegen den Hunger wird zum Aufstand gegen den Krieg. Schließlich streiken rund 600 000 Arbeiter.

Angesehene Sozialdemokraten wie Viktor Adler rufen zu Mäßigung auf und verhandeln mit der Regierung in Wien. Am 19. Januar erreichen sie unter anderem das Versprechen auf bessere Lebensmittelversorgung und den Verzicht auf territoriale Forderungen in Brest-Litowsk. Daraufhin wird der Streik beendet, zum Ärger der Radikalen, denen diese Versprechungen nicht genügen.

Das große Vorbild für die linke Revolution im Deutschen Reich wie in Österreich-Ungarn ist Lenin. Je mehr Kriegsgefangene aus Rußland zurückkehren, die Lenins Friedensbemühungen ihre Freiheit verdanken und von der Notwendigkeit einer sozialen Neuordnung überzeugt sind, desto größer werden die Unruhe und die Ungeduld bei den Linken.

»Assez!« – »Es ist genug!« ist der Ruf der vielseits Gequälten. Diese nach Ansicht der Militärs defätistische Haltung wird gewaltsam unterdrückt. Pazifismus ist ein Verbrechen, das ins Gefängnis führt – in Deutschland wie in England, Frankreich, Italien und anderswo. Der Belgier Frans Masereel mußte in die Schweiz fliehen, um seine »Bilder gegen den Krieg« zu machen.

Inzwischen streiken nach einem Aufruf des Spartakusbunds auch die deutschen Arbeiter. Käthe Kollwitz am 30. Januar 1918: »Seit 3 Tagen Streik der Munitionsarbeiter. ›Friede – Freiheit – Brot.‹ Heut ging ein großer Zug vom Bülowplatz aus, wo Schutzleute räumten, durch die Prenzlauer Allee.« Von ihrer Schwester erfuhr sie, »in Moabit seien bei Zusammenstößen mehrere Tote, zwei Schutzleute und einige Streikende. Auch soll die Bahn da gestört sein.« Hindenburg sieht im Streik das Verbrechen des Landesverrats, der wiederum strenge Maßnahmen gegen die Streikenden erfordere. Über Berlin und die Vororte wird am 2. Februar der verschärfte Belagerungszustand ausgerufen. Kollwitz: »Die Verurteilungen der am Streik Beteiligten sollen furchtbar sein.« Wenige Wochen zuvor erlebte das Ehepaar Kollwitz eine Berliner Friedenskundgebung: »Sie endete in Zusammenstößen in der Kaiser-Wilhelm-Straße mit der Polizei. Schutzleute zogen blank. Haß und Wut auf beiden Seiten. ›Bluthund‹. Gingen mit ekligem Gefühl zurück. Demonstrationen, die so endigen haben wenig Wert. Man läuft vor den blanken Säbeln, schimpft und geht doch auseinander. Natürlich. Wer will sich da kaputthauen lassen?« (25.11.1917)

Der Bauer Viktor Walther wiederum macht sich Sorgen, daß die Streiks den Sieg gefährden könnten: »Streikbewegungen über ganz Deutschland.« Und: »In Berlin allein streikten 400 000 Mann, natürlich alles von der Kriegsindustrie. Was wird das werden? England freut sich königlich, glaubt den Zusammenbruch der Mittelmächte bevorstehend.« (3.2.1918) Insgesamt beteiligen sich an diesem Streik rund eine Million Menschen. Es gibt Tote, viele Verhaftete. Schließlich wird den Streikenden eine kurze Frist zur Wiederaufnahme der Arbeit gesetzt, andernfalls sie verhaftet oder an die Front geschickt werden.

Was Einzelheiten angeht, sind die Zeitgenossen auch hier auf Gerüchte angewiesen wie Käthe Kollwitz: »In Hennigsdorf gibt es eine große Explosion in der AEG. Offiziell hieß es, daß 6 Personen tot wären, es heißt (inoffiziell), es seien 1600 tot. Es heißt die Explosion sei Folge von Sabotage. Ob von Spionen? Ob von Leuten, die damit abkürzend auf den Krieg wirken wollen?« (12.8.1917) Die Stimmung bleibt explosiv.

Beim Streik der deutschen Munitionsarbeiter im Januar 1918 marschieren Frauen aus der Rüstungsindustrie in beträchtlicher Anzahl mit und fordern das Ende des Krieges.

Seit 1915 beginnen die meisten Demonstrationen mit Hungerrevolten empörter Frauen vor leeren Geschäften; die Frauen werden von der Polizei mit Gewalt auseinandergetrieben. Die Rädelsführerinnen werden verhaftet. Hier eine Berliner Szene, gezeichnet von Heinrich Zille (oben), und eine Zeichnung von Käthe Kollwitz (links).

Elektrisch geladene Zäune und viele deutsche Polizeiposten sind an der belgisch-holländischen Grenze gegen Schmuggler eingesetzt, freilich vor allem gegen Belgier. Die deutschen Besatzer dagegen machen fast unbehelligt gute Geschäfte, wie auch Käthe Kollwitz erfährt: »Von dem Schmuggelhandel, der da getrieben wird. Alle Welt schmuggelt, Zivilisten wie Militärs. Im Handumdrehen werden Vermögen gemacht.« (10.10.1917)

Elend und Armut in Zilles Berlin: »Ein ganz alltäglicher ›Fall‹, jemand aus dem Fenster gesprungen.«

Kriegsgewinnler

Die Kluft zwischen Arm und Reich wird im Krieg immer größer. Vor allem die Heereslieferanten wie Krupp und Daimler, die Eisenhütten, Munitions- und Sprengstoffabriken, Hersteller von Flugzeugmotoren, Lastwagen und Uniformen stehen als natürliche Kriegsgewinnler im Zentrum der Kritik. Viktor Walther kopiert die Rede eines Reichstagsabgeordneten »über die Riesenprofite der Daimlerwerke« in sein Tagebuch: »Die großen Kriegsgewinnler wollen den Krieg gern weiterführen, der nicht mit ihrem eigenen Blut geführt wird. Als Patrioten gebärden die sich, wenn sie Kriegsanleihe zeichnen, aber selbst da drohen sie zu versagen, wenn nicht alles nach ihrem Willen geht.« (22.3.1918) Immer wieder geht es um überhöhte Preise. So steigt zum Beispiel allein der Preis für die für die Erzeugung von Sprengstoffen wichtige Pikrinsäure auf das Zehnfache.

Der reichste Heereslieferant in Österreich ist bis 1917 gleichzeitig Feldmarschall und Oberbefehlshaber der k.u.k. Armee: Erzherzog Friedrich. Durch Erbschaft besitzt er vor allem in Ungarn, Galizien und Böhmen riesige Mustergüter, die ein Monopol bei Milch, Butter, Zucker, Öl und Branntwein haben und die Preise hoch halten. Die Presse darf ein Mitglied des Kaiserhauses nicht kritisieren. Aber im privaten Kreis kommt dieses Thema immer wieder zur Sprache. Schnitzler über »Verwaltungs- und Verpflegungsskandale, Preistreibereien, – die man aber an gewissen Stellen angehn läßt (›Friedrich der Ruhmreiche‹)«. (18.4.1917) Vom Volk wird Friedrich allerdings als allerhöchster Buttererzeuger »Friedrich der Rahmreiche« genannt.

Kriegsgewinnler gibt es auf jeder sozialen Ebene. Robert Pöhland zitiert einen Kameraden: »Er hatte einen guten Freund, der hätte mit 40 M kurz nach Kriegsausbruch an zu spekulieren gefangen. Hätte Butter, Eier, Schmierseife und drgl. gekauft und wieder gut verkauft. Dabei hatte er in 1 Jahr 22 000 Mark verdient, und, was dieser gekonnt, hätte er erst recht fertig gebracht. Als ich ihm sagte, das sei ja der schlimmste Wucher, meinte er: ›Ach Mensch, wenn wirs nicht machen, tuns andere. Warum sollen denn die ‚Großen' alles einheimsen …‹ Ich sagte ihm nur, das sei die unverfälschte Kapitalistenmoral, und für diese Lumpen müßten wir uns hinschlachten lassen und unsere Frauen und Kinder hungern und hinsiechen.« (25.8.1916)

Wer Geld hat, kann alles kaufen. Wer auf den Bezug auf Marken zum gesetzlich festgesetzten Preis angewiesen ist, hungert, da zuwenig Ware zur Verteilung kommt. Der Ingrimm gegen die Reichen wächst auch bei Anna Pöhland: »Dem Senator Biermann sind 200 Pfund [Butter] schlecht geworden. Müßten die nicht gebrandmarkt werden?« (13.4.1916)

Im März 1918 wird in Wien ein skandalöser Fall von versuchtem Schmuggel ruchbar, der die Kaiserfamilie betrifft: Prinzessin Maria Antonia von Bourbon-Parma, Schwiegermutter und politische Beraterin Kaiser Karls, verlangt von der k. u. k. Botschaft in Madrid über einen Agenten eine Sonderbehandlung für eine Schiffsladung von Kakao und Kaffee von Ägypten nach Triest. Von dem Deal, der offiziell als Wohltätigkeitsaktion läuft, erwartet sich die Familie Parma ein »Bomben-Geschäft« und einen Gewinn von 20 Millionen Kronen. Außenminister Czernin bewegt den Kaiser zur Beschlagnahmung des Schiffes und verhindert damit das gute Geschäft. Selbstverständlich darf keine Zeitung über den Skandal berichten.

Der Heereslieferant als Hintermann, der vom Krieg lebt, schickt mit geballter Faust den ängstlich schauenden jungen Soldaten an die Front. Holzschnitt von Frans Masereel.

A. Schmidhammer

Kriegsgewinne

„Gestern hat mein Mann wieder 10000 Mark verdient. Aber ich sage Dir — das Herzklopfen!!"

In der besetzten und fast völlig zerstörten Stadt Brest-Litowsk haben die Deutschen ihr Hauptquartier des Oberkommandos Ost eingerichtet, wo mit den Russen verhandelt wird.

Die russische Friedensdelegation, nun unter Trotzkis Leitung, wird von den deutschen Besatzern am Bahnhof von Brest-Litowsk empfangen. Rechts Trotzki, in der Mitte Adolf Abramowitsch Ioffe, der bald der erste sowjetische Botschafter in Berlin wird.

Brest-Litowsk

Am Tag, bevor die Friedensverhandlungen in Brest-Litowsk wiederaufgenommen werden, gibt US-Präsident Wilson am 8. Januar in 14 Punkten seine Bedingungen für einen allgemeinen Frieden heraus, unter anderem die Räumung aller besetzten Gebiete. Das Deutsche Reich lehnt einen solchen Verständigungsfrieden ab und besteht auf dem »Sieg-Frieden« und weiteren Eroberungen. Käthe Kollwitz am 4. Januar 1918: »Der Frieden mit Rußland, der so nah schien, ist wieder weit weg. Die Russen sagen, daß der ›annektionslose Frieden‹ Deutschlands Maske war, in Wahrheit wolle Deutschland annektieren. Und ich fürchte sie haben recht. Es ist so deprimierend und beschämend.«

Trotzki setzt als Verhandlungschef auf Zeitgewinn. Um Druck zu machen, schließen die Mittelmächte am 9. Februar 1918 einen Sonderfrieden mit der Ukraine, erkennen den neuen Staat an, machen ihm Zugeständnisse und erreichen die Lieferung von einer Million Tonnen Getreide. Daraufhin bricht Trotzki am 10. Februar mit der Formel »weder Krieg noch Frieden« die Verhandlungen ab: Rußland sehe den Krieg als beendet an, werde demobilisieren, jedoch die harten deutschen Bedingungen nicht akzeptieren.

Die Deutschen beginnen sofort den Krieg von neuem und rücken rasch vor: in Finnland, Livland, Estland, der Ukraine, Georgien, Wolhynien, Südrußland bis zum Kaukasus. Käthe Kollwitz notiert besorgt: »Mit dem russischen Frieden hat sich alles schlimm gewandelt. Wir haben nicht nur keinen Frieden, sondern neuen Krieg gegen Rußland in der Ukraine, in Finnland, in den Ostseeprovinzen. Und Polen macht Krach, weil das Cholmergebiet der Ukraine zugefallen ist. Österreich hält sich zurück.« (19. 2. 1918) Wien verlangt im Gegensatz zu Berlin keine Gebietserweiterung.

Am 3. März kapituliert das neue Rußland und akzeptiert die überaus harten Friedensbedingungen für einen Zeitraum von 99 Jahren. Viktor Walther: »Unsere Grenze geht jetzt Ukraine, Polen, Kurland, Estland, Livland und Finnland mit den Alandsinseln, was von schwedischer Seite als unerwünscht betrachtet wird. Petersburg liegt direkt an unserer Grenze, so daß Rußland den Regierungssitz nach Moskau verlegt hat.« (10.3.1918) Rußland verliert rund ein Drittel seiner Bevölkerung und der landwirtschaftlich nutzbaren Fläche, drei Fünftel seiner Eisen- und Kohleproduktion und rund die Hälfte seiner Industrieanlagen.

Walther empfindet diese Bedingungen als zu hart und schreibt folgenden Kommentar aus der Zeitung ab: »Hier ist nach langem Sträuben dem Sieger mit fast höhnisch wirkender Bereitwilligkeit alles in den Schoß gefallen, was er verlangt hat. Nun greift nur zu und seid nicht blöde. Und blöde, d. h. schüchtern ist die ›mittelmächtige Diplomatie‹ keineswegs gewesen. Sie hat die weltpolitische Konjunktur ausgenützt, wie nur ja eine Hausfrau am Ausverkaufstag eines Warenhauses, und mit überfüllter Markttasche kehrt sie heim. Freilich, wer nicht bloß an den Augenblick denkt, der muß sich sagen: Was wird daraus? Zunächst folgt doch immer eine ingrimmige Feindschaft, die aus dem Krieg in den Frieden hinübergetragen wird.« (8.3.1918) Erstaunlich, daß dieser Artikel von der Zensur nicht verboten wurde.

Am 7. Mai folgt in Bukarest der ebenfalls harte Friede mit dem seit 1916 von den Deutschen besetzten Rumänien.

Die Propaganda preist die Wohltaten des »Brotfriedens mit der Ukraine«. Doch die deutsche Bevölkerung bemerkt keine Linderung der Not. Auch die vielen Pferde, die angeblich in der Ukraine erworben werden, werden an der »Heimatfront« nicht gesehen.

Deutsche Infanterie rückt bis zum Kaukasus vor, hier in Tiflis. Um die dortigen Erdölquellen auszubeuten, ist allerdings die Zeit zu kurz.

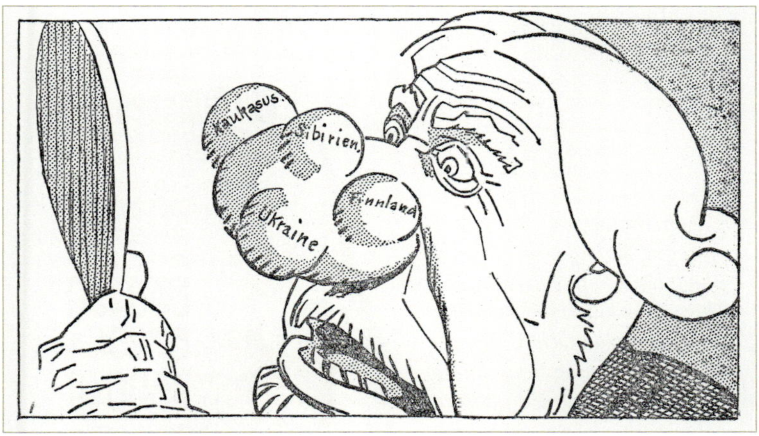

Spott über die Ablösung kleiner Staaten von Rußland. Nach Finnland, Litauen und der Ukraine sollen auch – mit kräftiger Unterstützung des Deutschen Reiches – der Kaukasus und Sibirien wie Pickel aus der dicken Nase Rußlands wachsen.

Westoffensiven

Nach dem Frieden mit Rußland wird der Großteil der deutschen Osttruppen für die Frühjahrsoffensive in den Westen gebracht. Sogar gerade erst von den Russen freigelassene Kriegsgefangene müssen nach kurzem Heimaturlaub wieder an die Front. Rund dreieinhalb Millionen deutsche Soldaten, doppelt so viele wie im August 1914, verstärkt durch k.u.k Truppen, stehen etwa gleich vielen alliierten gegenüber. Der deutsche Überraschungsangriff erfolgt am 21. März in der Picardie mit Trommelfeuer, Chlorgas und Tränengas gegen die Engländer. Sie sollen, so Ludendorffs Plan, von den Franzosen getrennt, ans Meer gedrängt und dort ausgeschaltet werden. Der erste Tag ist sehr erfolgreich, und Kaiser Wilhelm gibt den Kindern am 23. März für Siegesfeiern schulfrei. Viktor Walther am 29. März: »Bis jetzt sind gemeldet 45 000 Gefangene, 1 000 Geschütze, Tausende von Maschinengewehren, zahlloses Kriegsgerät, Munition, Verpflegungs- und Bekleidungsstücke. Paris wird mit einem Langrohrgeschütz auf 120 Kilometer beschossen ... Neueste Nachricht: Abends 6 Uhr 70 000 Gefangene und 1100 Geschütze.« Das sind freilich übertriebene Zahlen.

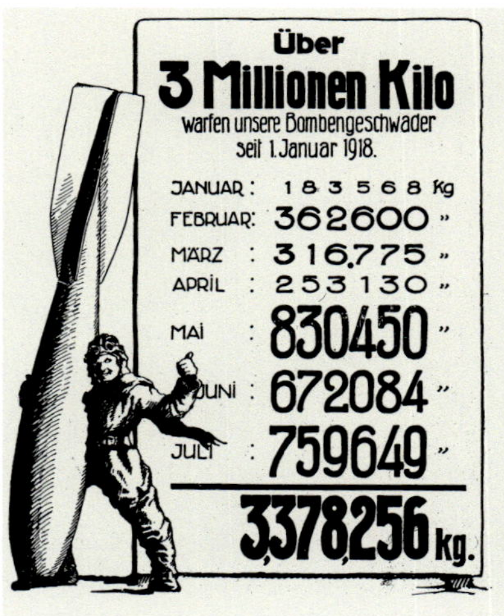

Aufrechnung jener Sprengstoffmengen, die angeblich allein von Januar bis Juli 1918 aus deutschen Flugzeugen auf feindliches Gebiet abgeworfen wurden. Unterzeile: »Zur Beförderung dieser Sprengstoffmenge würden 338 Eisenbahnwagen, also etwa 10 gewöhnliche Güterzüge nötig sein.« Im August werden sogar 1 157 957 Kilogramm Sprengstoff abgeworfen.

In der Freude über den Friedensschluß mit Rußland wird im März 1918 die achte Kriegsanleihe aufgelegt. Diese Propagandakarte ist eine der wenigen, die 1918 gedruckt werden, auf schlechtem grauen Papier und ziemlich klein. Das Schlagwort »Der letzte Hieb« legt nahe, daß das siegreiche Ende bevorstehe und es nur noch einer alles entscheidenden Anstrengung bedürfe.

Die Deutschen sind eine Woche lang erfolgreich, verlieren aber rasch an Kraft. Es folgen vier weitere Offensiven bei Ypern, bei Soissons mit der Erstürmung des Chemin des Dames, vor Compiègne und in der Champagne. Das Ziel ist immer noch dasselbe wie 1914 im Schlieffenplan: die Eroberung von Paris. Aber die Zeit arbeitet für die Alliierten. Denn seit März 1918 treffen pro Monat rund 250 000 US-

Soldaten zur Verstärkung ein – bis Kriegsende insgesamt rund zwei Millionen. Sie bringen allerbeste Waffen und Ausrüstung mit, auch die modernsten Technologien etwa für den Funkverkehr, und sie sind tüchtig und tatendurstig.

Der Bayer Leopold Merk berichtet von urlaubenden Soldaten, die »den bedenklichsten Pessimismus« zeigen: »Man hört von ihnen-Äußerungen, welche die schon längst ins Wanken gekommene Zuversicht des Volkes völlig untergraben, wie z. B.: die Deutschen siegen sich zu Tode, die vielen Siege haben keinen Wert, weil sie den Frieden doch nicht herbeiführen könnten; man sollte sich mit dem Feinde verständigen... die Preußen seien allein an der Fortsetzung des Krieges schuld, weil sie einen Gewaltfrieden anstrebten und Rußland einen solchen aufgezwungen hatten.« (30.5.1918)

Vor allem jene deutschen Truppen, die in der »Somme-Wüste« kämpfen, haben große Probleme. Denn die Zerstörung der Häuser, Brücken und Straßen im Vorjahr richtet sich jetzt gegen sie. Gerade hier hätten Panzer gute Dienste getan, aber die Deutschen haben viel zu wenige. Im Juni trifft die »Spanische Grippe« fast 500 000 geschwächte deutsche Soldaten, während die gutgenährten Gegner weit weniger anfällig sind.

Mitte Juli schlägt Marschall Ferdinand Foch, der neue Generalissimus der Alliierten an der Westfront, in einer Gegenoffensive zurück. Am 8. August setzen die Franzosen bei Amiens mit einer Offensive nach und zwingen die Deutschen zum Rückzug und in eine schlimme Niederlage. Sogar Ludendorff spricht vom »schwarzen Tag des deutschen Heeres«. Paris, das zeitweise nur noch 80 Kilometer entfernt war, bleibt unerreicht – wie 1914.

Der 20jährige Franzose Henry Lange dagegen schreibt zufrieden, es zeichne sich »die Morgenröte des Sieges ab. Das Unglück hat lange gedauert, doch wir sehen nun das Ende ... Was für erhabene Empfindungen ich hatte, als wir die fliehenden Boches auf dem wiedereroberten französischen Boden verfolgten!« (DF)

Plakat des Ungarn Mihály Biró, das aber erst nach 1918 veröffentlicht werden durfte.

Französische Karikatur über die deutschen Soldaten: nach außen groß und stark, aber in Wirklichkeit ausgehungert und fast schon gestorben. Die kleine Gestalt unten stellt den deutschen Kaiser dar.

Allgegenwärtig ist im Krieg das von Wilhelm Hauff gedichtete Lied »Morgenrot, Morgenrot«, vor allem die Verse: »Gestern noch auf stolzen Rossen, / Heute durch die Brust geschossen, / Morgen in das kühle Grab.« Viktor Walther notiert am 12. Oktober 1918, nach der Nachricht vom Tod seines Sohnes Adolf, die Verse in sein Tagebuch. Käthe Kollwitz schreibt erschrocken am Morgen des 28. Januar 1918, als eine »Jungensklasse« an ihrem Haus vorbeimarschiert: »Die Holzschuhe hörte man klappern und die frischen Stimmen sangen schrill, taktfest und unsentimental: ›Steh ich in finstrer Mitternacht‹. Und nachher in der Ferne noch: ›Morgenrot, Morgenrot‹.«

Morgenrot

Der alltägliche Umgang mit dem Tod prägt die Soldaten. So schreibt der 28jährige Adolf Stürmer über den Tod eines Kameraden: »Schuß durch den Mund und zum Hinterkopf heraus. Ich bin merkwürdig ruhig und kalt geblieben; man ist mit dem Gedanken an den Tod innerlich so fertig, man steht mit dem Schicksal auf du und du; man muß hart sein, unerbittlich hart. Aber nachher ist es mir doch zum Bewußtsein gekommen, da ich den Kameraden sehr gern hatte. Den Toten konnte ich allerdings nicht lange ansehen – das bleiche, blutige Gesicht so starr, und am Morgen waren wir noch zusammengesessen und hatten geplaudert und gelacht.« (KbSt 9.8.1916)

Bei Begräbnissen stehen manchmal Freund und Feind friedlich nebeneinander, wie Walther Hamann aus Galizien berichtet: »An einem Begräbnis vor der Feuerlinie nahmen, wie die Artilleriebeobachter mit Fernrohr konstatieren, große Scharen eigener und gegnerischer Truppen teil. Austausch von Wein, Brot, Schnaps, Gespräche aller Art sind Sitte geworden.« (5.4.1915)

Das Gefühl von Solidarität kommt auch auf, wenn sich die Soldaten um die Identifizierung feindlicher Gefallener kümmern müssen, wie Franz Jungbauer am Isonzo: »Den ganzen Sonntag waren wir beschäftigt, alles, was sie bei sich trugen, genau zu protokollieren. Da sieht man, wie menschlich sie auch genau so denken und fühlen wie wir, wenn man in den Notizbüchern liest oder die Briefe und Karten. Einer trug das Bildnis seiner carissima im Notizbuch, es war mitten durchgeschossen.« (15.2.1917)

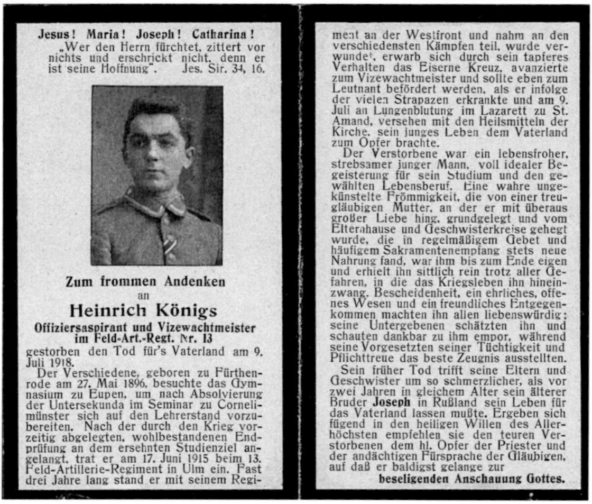

Jesus! Maria! Joseph! Catharina!
„Wer den Herrn fürchtet, zittert vor nichts und erschrickt nicht, denn er ist seine Hoffnung". Jes. Sir. 34, 16.

Zum frommen Andenken
an
Heinrich Königs
Offiziersaspirant und Vizewachtmeister im Feld-Art.-Regt. Nr. 13
gestorben den Tod für's Vaterland am 9. Juli 1918.

Der Verschiedene, geboren zu Fürthenrode am 27. Mai 1896, besuchte das Gymnasium zu Eupen, um nach Absolvierung der Untersekunda im Seminar zu Cornelimünster sich auf den Lehrerstand vorzubereiten. Nach der durch den Krieg vorzeitig abgelegten, wohlbestandenen Endprüfung an dem ersehnten Studienziel angelangt, trat er am 17. Juni 1915 beim 13. Feld-Artillerie-Regiment in Ulm ein. Fast drei Jahre lang stand er mit seinem Regiment an der Westfront und nahm an den verschiedensten Kämpfen teil, wurde verwundet, erwarb sich durch sein tapferes Verhalten das Eiserne Kreuz, avanzierte zum Vizewachtmeister und sollte eben zum Leutnant befördert werden, als er infolge der vielen Strapazen erkrankte und am 9. Juli an Lungenblutung im Lazarett zu St. Amand, versehen mit den Heilsmitteln der Kirche, sein junges Leben dem Vaterland zum Opfer brachte.

Der Verstorbene war ein lebensfroher, strebsamer junger Mann, voll idealer Begeisterung für sein Studium und den gewählten Lebensberuf. Eine wahre ungekünstelte Frömmigkeit, die von einer treugläubigen Mutter, an der er mit überaus großer Liebe hing, grundgelegt und vom Elternhause und Geschwisterkreise gehegt wurde, die in regelmäßigem Gebet und häufigem Sakramentenempfang stets neue Nahrung fand, war ihm bis zum Ende eigen und erhielt ihn sittlich rein trotz aller Gefahren, in die das Kriegsleben ihn hineinzwang. Bescheidenheit, ein ehrliches, offenes Wesen und ein freundliches Entgegenkommen machten ihn allen liebenswürdig; seine Untergebenen schätzten ihn und schauten dankbar zu ihm empor, während seine Vorgesetzten seiner Tüchtigkeit und Pflichttreue das beste Zeugnis ausstellten.

Sein früher Tod trifft seine Eltern und Geschwister um so schmerzlicher, als vor zwei Jahren in gleichem Alter sein älterer Bruder **Joseph** in Rußland sein Leben für das Vaterland lassen mußte. Ergeben sich fügend in den heiligen Willen des Allerhöchsten empfehlen sie den teuren Verstorbenen dem hl. Opfer der Priester und der andächtigen Fürsprache der Gläubigen, auf daß er baldigst gelange zur

beseligenden Anschauung Gottes.

Priez pour le repos de l'
Léon NELLISSE
ÉTUDIANT
Soldat volontaire au 1er Rég. des C
Chevalier de l'Ordre Léopold
Décoré de la Croix de Gue
tombé glorieusement à la crê
Passchendaele, le 29 septembre 1
à l'Hôpital de Beveren, mun
tous les secours de N. Mère la S
à l'âge de 22 ans.

Zwei Beispiele von Millionen: Diese beiden 22jährigen Studenten werden 1918 Opfer des deutsch-französischen Krieges. Wie schmerzlich es für Hinterbliebene ist, kein Bild des Toten zu besitzen, notiert Käthe Kollwitz nach dem Gespräch mit dem Ehepaar Neumann: »Die Mutter sagt sie denkt mit Neid an mich, ich könne mir meinen Sohn doch malen, aber sie haben kein gutes Bild von ihrem.« (27. 7. 1916)

Ein Sterbender diktiert vor der Friedhofsmauer einem Kameraden seinen letzten Brief. Und Schnitzler erfährt die Geschichte eines Offiziers, »dem der von ihm erschossene Feind den Abschiedsbrief an die Geliebte dictirt«. (18.4.1917)

Kaiser Karl, hier als König Karl IV. von Ungarn, fühlt sich als Herrscher von Gottes Gnaden und als Verteidiger der katholischen Kirche gegen Andersgläubige.

Die Nibelungentreue schwindet

Im Frühjahr 1918, kurz nach Beginn der deutschen Westoffensive, gibt der französische Ministerpräsident Georges Clemenceau zwei Briefe von Kaiser Karl an die Zeitungen und überführt ihn damit vor der internationalen Öffentlichkeit einer schweren Lüge. Es geht dabei um geheime Versuche des Kaisers im Vorjahr, über die Brüder seiner Frau, die belgischen Offiziere Xavier und Sixtus von Parma, einen Sonderfrieden hinter dem Rücken Berlins vorzubereiten. Um dies zu erreichen, plädiert er für den deutschen Verzicht auf Elsaß-Lothringen, ist aber selbst nicht bereit, auf die von den Italienern geforderten Gebiete zu verzichten. Er verstrickt sich öffentlich in seinem eigenen Lügengeflecht, streitet ab, gibt falsche Ehrenworte, statt seine Sache, nämlich die Notwendigkeit eines Verständigungsfriedens, konsequent zu vertreten. Die komplizierte »Sixtus-Affäre«, in der Karls Beichtväter, Ehefrau Zita und die Schwiegermutter eine große Rolle spielen, endet nach vielen Peinlichkeiten mit Karls Drohung an Clemenceau mit der merkwürdigen Formulierung: »Unsere weitere Antwort sind Meine Kanonen im Westen.« Denn die k.u.k. Armee stellt bei der deutschen Westoffensive einige Truppen.

Die Affäre offenbart die Unzuverlässigkeit und Inkompetenz des jungen Herrschers, fordert Spott und Hohn heraus und ruiniert seine Autorität vor allem in der Armee. Die Konsequenz ist, daß Ludendorff die schwache Habsburgermonarchie erst recht unter deutsche Kontrolle zwingt. Wien ist nun völlig abhängig von Berlin: bei Truppen, Lebensmitteln, Geld, vor allem aber politisch.

Karls intellektuell weit überlegener Gegenspieler ist der französische Ministerpräsident Georges Clemenceau (zweiter von links). Er war einst ein Freund des liberalen Kronprinzen Rudolf und auch Österreichs. Nun aber sieht er im k. u. k. Staat nichts als einen ohnmächtigen Vasallen des gehaßten Deutschen Reiches. Der katholische Kaiser Karl dagegen hasst Clemenceau als Liberalen und Freimaurer.

Mitte Juni scheitert die k.u.k. Offensive am Piave. Schnitzler berichtet vom »Piaverückzug, dem Hunger der Soldaten ... Bevorstehende Requisitionen der Nahrungvorräthe in den Privathäusern.« (26.6.1918) In Thüringen notiert Viktor Walther: »Die Oestreicher haben eine rechte Schlappe erhalten. Über 100 000 Mann Verlust. Die Blätter bringen Berichte über Truppenverhungern ... Die Ernährungsschwierigkeiten werden immer schlimmer.« (30.6.1918) Und Käthe Kollwitz: »Wir haben nimmer viel und Östreich gar nichts mehr. Kaiser Karl hat sich dieserhalb an unseren Kaiser gewandt, um Hilfe von ihm zu erhalten.« (30.6.1918) Es ist ein demütigender Gang, nach dem Desaster der Sixtus-Briefe den deutschen Kaiser abermals um Hilfe bitten zu müssen. Doch Wilhelm zeigt sich großzügig. Auch er braucht die Österreicher.

Nach dem Jubel über die »Nibelungentreue« 1914 hat sich die Stimmung der Österreicher gegen die »Reichsdeutschen« rasch verschlechtert. Sogar der deutschnationale Walther Hamann ärgert sich 1916, »wie sich durch mancherlei Umstände unser Verhältnis zu unsern Bundesgenossen eigenartig gestaltet, wie diese oftmals taktlos hochfahrend sich benehmen, wie wir beim Requirieren ... immer den Kürzeren ziehen, weil selbst der Krieg deutschösterreichische Gemütlichkeit nicht umzubringen vermag«. (9.3.1916) Auch Schnitzler berichtet über »Mißhelligkeiten (innere) zwischen Deutschen und Österreichern. Bewunderungswürdige Organisation bei jenen – aber Rücksichtslosigkeit.« (21.9.1915) Ein Fähnrich, der vom Piave kam, habe geklagt »über die entsetzlichen Zustände unten. Der Haß zwischen den oesterr. und deutschen Militärs. Das Benehmen der Deutschen.« (22.1.1918)

Die Deutschen sehen, daß der k.u.k. Staat – »Kamerad Schnürschuh« – am Ende ist wie die beiden anderen Bundesgenossen, Bulgarien und die Türkei. Alle drei sind auf deutsche Hilfe angewiesen. Aber immer noch vermittelt Hindenburg Siegessicherheit.

Holzschnitt von Frans Masereel über die »Sixtus-Affäre« Kaiser Karls: Unter dem Titel »Was der glänzende Zweite verdient« schreibt Kaiser Wilhelm an den König von Italien: »Mein lieber Cousin Victor, ich verpflichte mich, Deine legitimen Forderungen auf Trient, Triest, Dalmatien usw. usw. zu unterstützen ...« Damit spielt er auf Karls Vorschlag an, Berlin zum Verzicht auf Elsaß-Lothringen zu bewegen, aber selbst zu einem ähnlichen Verzicht nicht bereit zu sein.

Die Abtretung der Hafenstadt Triest, seit 1382 in habsburgischem Besitz, ist die wichtigste, von Karl zurückgewiesene, Friedensbedingung der Italiener.

Hunger und Grippe

Die vier Kriegsjahre haben die Zivilbevölkerung bis aufs Mark ausgesaugt. Im Jahr 1918 gibt es bei den Mittelmächten rund zwei Millionen Hungertote. Da immer noch Metall für die Rüstung gebraucht wird, aber es weder Kirchenglocken noch Münzen mehr gibt, zieht der Staat zum Einschmelzen Tischglocken, Nußknacker, Bestecke, Waagen, Lampen, Flaschenkapseln, Gashähne, Ofentüren, Bilderrahmen, Bierkrugdeckel, Türklinken, Fensterbeschläge, Ziernägel, Kleiderständer, Gürtelschnallen, Uhrpendel, Trompeten, Werkzeuge und anderes heran.

Wie schlimm die Lage ist, zeigt das veränderte Verhältnis zu den auf dem Land eingesetzten Kriegsgefangenen, so der Allgäuer Lehrer Philipp Winter: »Mancher Landsturmmann schleppt seinem gefangenen Herrn Franzosen geduldig das Gepäck nach, er putzt für ihn die Stube und heizt ihm den Ofen ... Die Franzosen bekommen ganze Wägen voll Liebesgaben von zu Hause, weißen Zwieback mit und ohne Weinbeeren – das ist eine gar verführerische Sache.« (28.9.1917)

Warme Kleidung gibt es längst nicht mehr. Kleider und Mäntel bestehen aus Lumpen und Papier.

Ab dem Sommer 1918 wütet die Spanische Grippe bei der ausgemergelten Bevölkerung. Der Berliner Armenarzt Karl Kollwitz versorgt im Juli pro Tag 100 Grippekranke, im Oktober bereits 150. Zu dieser Zeit hat Wien laut Schnitzler 800 Grippetote pro Woche, die Schulen bleiben geschlossen, und es gibt »Verhaltungsmaßregeln für den Fall der vorherzusehenden Hungerrevolten«. (23.10.1918) Schnitzler berichtet von dem alten Philosophen Josef Popper (Lynkeus): »Als er, nach 3 Jahren Zimmer, zum ersten Mal wieder im Krankenwagen durch die Straßen fuhr und die Menschen sah, erschrak er.« (17.9.1918)

Ein unterernährtes achtjähriges Mädchen, eines von Hunderttausenden, in einer Wiener Kinderklinik.

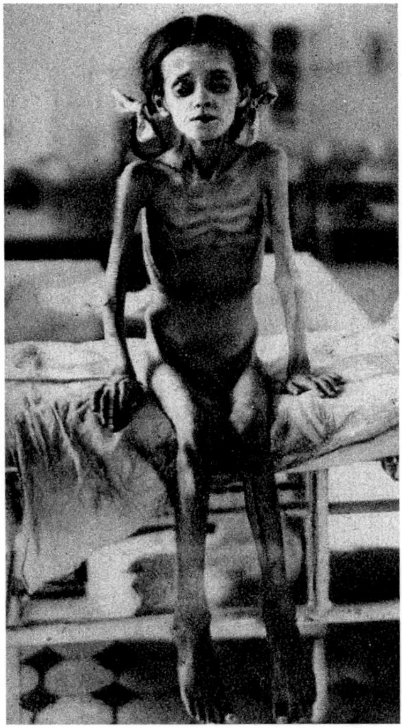

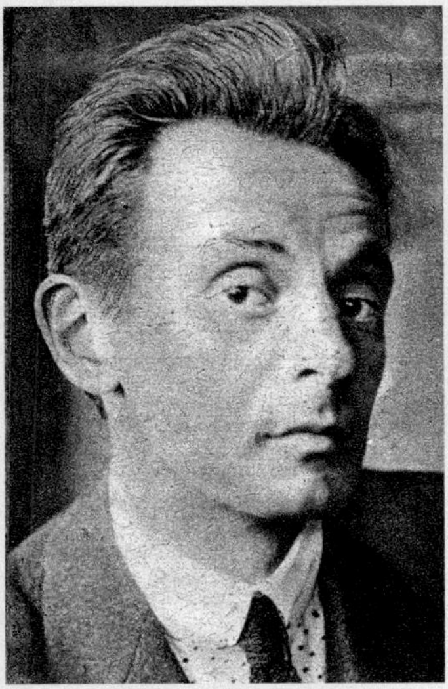

Der expressionistische Maler Egon Schiele ist im Alter von 26 Jahren an der Grippe gestorben. — Schiele war ein Schüler Klimts und zählte zu den besten Hoffnungen unserer jungen Kunstwelt. (S. S. 6)

Nr. 9680.

Sammelt Knochen!

Kein Knochen darf verloren gehen!

Wer Knochen verbrennt oder anderweitig vernichtet, schädigt unsere Ernte, vermindert unser Brot und verschwendet Fett.

Die Knochen müssen daher gesammelt und in den bestehenden Fabriken verarbeitet werden zu:

1.) **Fett** zur Herstellung von Seifen, Kerzen, Glyzerin etc. Für jedes Kilogramm Knochenfett wird für die Allgemeinheit Speisefett frei.

2.) **Düngemitteln.** Die Feinde haben uns den Bezug von überseeischen Kunstdünger unmöglich gemacht. Jedes Kilogramm Knochenmehl vermehrt unsere Brotfrucht und unser tägliches Brot.

3.) **Knochenleim.** Diesen brauchen wir für unser Gewerbe zur Herstellung von Kleiderstoffen und für Bedarfsgegenstände unserer Soldaten.

4.) **Spodium** (Knochenkohle). Diese ist unentbehrlich für die Raffination von Zucker.

Wir brauchen jede kleinste Knochenmenge zur Erhaltung und Verbesserung unserer Lebensverhältnisse.

Da es keine Münzen mehr gibt, werden Briefmarken beim Zahlen akzeptiert. Viele Gemeinden und Firmen stellen Kriegsnotgeld aus Papier her. Die meisten Scheine sind klein und unscheinbar. Hier zwei etwas ausgefallene, da sehr gut gestaltete Exemplare.

Ein Reich zerfällt

Am 29. September kapituliert Bulgarien. Zar Ferdinand dankt zugunsten seines Sohnes ab und lebt fortan in Coburg. Die Türkei willigt am 30. Oktober in den Waffenstillstand ein und gibt ihr Staatsgebiet für alliierte Operationen frei. Die Schwäche Österreich-Ungarns ist seit langem offensichtlich. Schnitzler berichtet bereits am 2. Juli »über bolschewikische Tendenzen in der Bevölkerung, die antidynastischen Äußerungen, die ungeheuerlichen Gerüchte. Man hängt in der Luft – alles erscheint möglich, auch das ärgste. Völlige Unfähigkeit der Regierenden, absolute Demoralisation und Desorganisation; – allgemeine Unsicherheit.« Und: »Revolution im Winter unvermeidlich.« (6.7.1917)

Die nichtdeutschen Völker laufen dem Kaiser/König in Berufung auf das von Wilson versprochene nationale Selbstbestimmungsrecht davon. Am 26. September proklamiert der Tschechische Nationalrat in Paris die Errichtung eines selbständigen Staates unter Masaryk als Staatspräsident und Eduard Beneš als Außenminister. Bald hört Käthe Kollwitz »böse Sachen aus Österreich. Daß in Prag Revolten gewesen seien und daß ohne Militär die Deutschen wohl alle niedergemacht worden wären.« (14.10.1917) Am 5. Oktober bildet sich in Zagreb der Nationalrat der Serben, Kroaten und Slowenen, am 11. Oktober in Krakau der Polnische Nationalrat. Felix Prinz Schwarzenberg schreibt am 19. Oktober: »Wie sich die Ereignisse überstürzen! Unser liebes altes Österreich verschwunden.« Am 24. Oktober, als Italien am Piave neuerlich angreift, ziehen die Ungarn ihre Truppen ab und proklamieren Ungarns Unabhängigkeit von Österreich.

Die neuen Staaten erklären ihre Selbständigkeit. Der kleine Rest, der vom Vielvölkerreich übrigbleibt, Deutschösterreich, gibt sich am 30. Oktober in der provisorischen Nationalversammlung eine provisorische Verfassung. Der Sozialdemokrat Karl Renner übernimmt die Regierung. Ein Anschluß an Deutschland scheint in Berufung auf das von Wilson propagierte Selbstbestimmungsrecht der Völker selbstverständlich.

Die tschechische Anti-Habsburg-Propaganda ist bei den nichtdeutschen Völkern der k. u. k. Monarchie äußerst wirksam. Hier Photos von hingerichteten italienischen Freiheitskämpfern mit dem tschechischen Text: »Österreichische Zivilisation in Italien«. Andererseits werfen italienische Flieger über österreichischem Gebiet Flugblätter ab, »worin die Slawen aufgefordert werden, zum Feinde überzugehen, der allerlei Versprechungen zusichert«. (Walther Hamann 4. 5. 1916)

Am 30. Oktober wird der ehemalige Ministerpräsident István Graf Tisza in seinem Budapester Haus von drei meuternden Soldaten erschossen mit dem Ruf: »Das gilt dem Urheber des Krieges!«

Am 31. Oktober notiert Schnitzler, daß Kaiser Karl »die Situation noch immer nicht eigentlich versteht«. Und am 1. November: »Die Zeitungsnachrichten beunruhigend ... Engländer in Triest und Laibach. Unsre Truppen zurückflutend.«

Am 3. November wird in der Villa Giusti bei Padua der Waffenstillstand zwischen dem kleinen Deutschösterreich und der Entente unterschrieben. Die Bedingungen sind hart: sofortige Räumung Tirols bis zum Brenner (inklusive der deutschsprachigen Gebiete), des Tarvisbeckens, des Isonzogebiets, Istriens mit Triest, Dalmatiens mit allen Adriainseln, Auslieferung der halben Artillerie und so fort. Es gibt ein seltsames Nachspiel: Die Österreicher legen durch ein Mißverständnis die Waffen noch am selben Tag nieder, die Italiener aber erst am 4. November um 15 Uhr: In der Zwischenzeit werden rund 350 000 österreichische Soldaten von den Italienern gefangengenommen.

Erst am 11. November verzichtet Kaiser Karl auf die Ausübung der Regierungsgeschäfte, ohne pro forma abzudanken. Am 12. November wird die Republik Deutschösterreich als Bestandteil der Deutschen Republik ausgerufen, am 16. November die Republik Ungarn. Damit endet die Geschichte des multinationalen Habsburgerreichs, das 1278 begründet wurde, als der deutsche König Rudolf von Habsburg den österreichischen Landesherrn König Ottokar von Böhmen auf dem Schlachtfeld besiegte.

Der Einzug des ersten Präsidenten der Tschechoslowakischen Republik, Prof. Dr. Tomáš Garrigue Masaryk, in Prag, umgeben von Soldaten der Tschechischen Legion.

Kaiser Karl verläßt mit seiner Familie erst am 23. März 1919 das Land und geht unter dem Schutz englischer Offiziere ins Schweizer Exil, ohne seine Herrschaftsansprüche aufzugeben.

Das Ende des Deutschen Kaiserreichs: Der fliehende Kaiser ist ganz klein. Kommentar der Krüppel, Witwen und Waisen: »Wir weinen ihm keine Träne nach, er hat uns keine zu weinen übrig gelassen.« (Simplicissimus)

Wir haben im Osten den Frieden erzwungen und sind stark genug, es auch im Westen zu tun, trotz der Amerikaner. Aber stark und einig müssen wir sein!

Aus Hindenburgs Kundgebung am Sedantage 1918.

Noch im September 1918 haben Hindenburgs Durchhalteparolen Erfolg: Die neunte und letzte Kriegsanleihe bringt mehr als zehn Milliarden Mark ein.

Ein Kaiser flieht

Am 11. September 1918 fordert Kaiser Wilhelm vor den Werksangehörigen der Firma Krupp: »Dem absoluten Vernichtungswillen müssen wir den absoluten Willen, unsere Existenz zu wahren, entgegenstellen.« Die Schuldfrage ist für ihn klar: »Der Neid veranlaßte unsere Gegner zum Kampf, und es kam der Krieg über uns, die wir ahnungslos waren.« Er ruft die Deutschen in Anspielung auf Krupp auf: »Werdet stark wie Stahl! Und der deutsche Volksblock, zu Stahl zusammengeschweißt, der soll dem Feinde seine Kraft zeigen! ... Jetzt heißt es: Deutsche, die Schwerter hoch, die Herzen stark und die Muskeln gestrafft zum Kampfe gegen alles, was gegen uns steht, und wenn es noch so lange dauert! Dazu helfe uns Gott! Amen.«

Am 12. September besiegt die 1. US-Armee unter General John Joseph Pershing bei Saint-Mihiel, das seit 1914 in deutscher Hand ist, die hilflosen Deutschen. Unter den rund 13 000 deutschen Gefangenen ist so mancher, der sich gern ergibt, um nicht mehr hungern und kämpfen zu müssen. Immerhin kann ein Durchmarsch alliierter Truppen auf deutsches Gebiet verhindert werden.

Am 28. September verliert Ludendorff angeblich die Nerven: Er verlangt von Hindenburg, sofort um einen Waffenstillstand anzusuchen. Der Krieg sei verloren. Die Schuld daran gibt er dem Reichstag und der Heimatfront, die mit ihrem Defätismus die Armee rücklings erdolcht hätten. Die »Dolchstoßlegende« vom angeblich »im Felde unbesiegten deutschen Heer« ist geboren. Mit dieser Taktik entledigt sich Ludendorff sehr raffiniert seiner Verantwortung.

Käthe Kollwitz klagt am 1. Oktober: »Furchtbar drückende Atmosphäre in der Politik. Niederlagen an der Westfront ... Man hat den Eindruck, der Krieg kann ewig dauern, ohne Ende, denn noch glaubt man nicht an wirklich ungünstige Wendung für uns.« Und: »Deutschland steht vor dem Ende. Widersprechende Gefühle. Deutschland verliert den Krieg ... Wahnsinn käm es mir vor, wenn das Spiel verloren ist, es nicht abzubrechen und zu retten, was noch zu retten ist. Die Jugend, die noch lebt, muß Deutschland behalten, sonst verarmt es absolut. Darum *nicht einen Tag länger Krieg,* wenn man erkennt, daß er verloren ist.« Und über den Eintritt der Sozialdemokraten in die Regierung: »Was wird mit dem Kaiser werden? Wird die Entente verhandeln, solange er Kaiser ist? Wird, wenn seine Absetzung Bedingung wird, das Volk ihn fallenlassen? ... Droht Deutschland eine ähnliche anarchistische Zukunft wie Rußland?«

Wilhelm II. will noch mit »seiner« Armee die Revolution bekämpfen, muß sich aber am 9. November den Tatsachen beugen und flieht aus seinem Hauptquartier im belgischen Spa nach Holland ins Exil. Viktor Walther: »Zusammenbruch und Kaiser: eine ungeheure Flut von Bitterkeit steigt daraus im Volke empor. Der Mann, der die Soldaten aufforderte, bis zum letzten Mann den anvertrauten Posten zu halten, der Hingebung und Treue bis zum Tode verlangte, der von Millionen die Todesbereitschaft forderte, und Hunderttausende für sich in den Tod gehen ließ. Er entzieht sich gewissenlos und feige der Verantwortung, er verläßt seinen Posten und sein Volk und sein Vaterland und bringt sich schnöde in Sicherheit, unbekümmert, was er hinter sich läßt und was ihm nachkommt ... Der letzte Hohenzoller trat die Farben des Reiches und seine unbefleckte Ehre mit Füßen ... Wenn es etwas gibt, das den fürchterlichen Eindruck der Waffenstillstandsbedingungen noch übertrifft, so ist es die Flucht des letzten Hohenzollern als fürchterliches Ende.«

Symbol für die angeblich durch einen »Dolchstoß« der Heimatfront verursachte Niederlage und den als Schmach empfundenen Frieden.

Kaiser Wilhelm verläßt das Land, ohne seinem Volk und seinen Truppen, die in seinem Namen kämpften und starben, Dankesworte zu sagen. Mit dieser Propagandakarte von 1917 hatte er noch eine andere Botschaft vermittelt.

Waffenstillstand

Die Unterzeichnung des Waffenstillstandes am 11. November 1918 durch Matthias Erzberger. Sein Gegenüber ist Marschall Ferdinand Foch. Den Eisenbahnwaggon, den die Franzosen für die Unterzeichnungszeremonie im Wald von Compiègne bestimmt hatten, ließ Hitler im Sommer 1940 nach dem Sieg über Frankreich aus dem Museum an denselben Ort zurückbringen. Hier mußte nun der Leiter der französischen Delegation den Waffenstillstand unterschreiben.
Der Waggon wurde danach in Berlin ausgestellt. 1945 wurde er zerstört.
(Der heute in Compiègne zu besichtigende Waggon ist ein ähnliches Modell.)

Soldaten wie Zivilisten warten verzweifelt auf das Ende des Krieges. Der 20jährige Soldat Otto Brian schreibt am 27. Oktober von der Westfront: »Hoffentlich kommt bald der Waffenstillstand, auf den wir hier stündlich warten. Denn das ist kein ehrlicher Krieg und Kampf mehr. Und wenn die Herren in der Heimat, die immer noch weiter Krieg führen wollen, wüßten, wie es hier draußen aussieht und wie es zugeht, in welcher Verfassung unsere Soldaten sind, dann würden sie nicht solche Phrasen fabrizieren. Ich wünsche solche Leute nur ein paar Tage raus zu uns.« (KbSt) Wenige Tage später ist Brian tot.

Der Kaiser ist geflohen, Ludendorff abgesetzt und Hindenburg nicht bereit, die Verantwortung für die militärische und politische Niederlage zu übernehmen. So wird Matthias Erzberger, Staatssekretär der Regierung Max von Baden, mit einer Delegation nach Compiègne (nördlich von Paris) geschickt. Am 8. November beginnen die Verhandlungen, wobei die Deutschen kaum gehört werden.

Am 11. November muß Erzberger als erster den ihm von Marschall Foch vorgelegten Vertrag unterzeichnen.

Die Friedensschlüsse von Brest-Litowsk und Bukarest werden annuliert: Aus den Verlierern Rußland und Rumänien, denen die Deutschen vor Monaten brutale Friedensbedingungen aufgezwungen haben, sind nun Sieger geworden, die bald Gebietsansprüche stellen. Erzberger muß unterschreiben, daß sämtliche besetzten Gebiete innerhalb von 15 Tagen geräumt und sämtliche Goldbestände aus Rußland, Rumänien und Belgien zurückgegeben werden. Alliierte Truppen besetzen das linke Rheinufer und die Brückenköpfe Mainz, Köln und Koblenz. Weitgehende Entwaffnung ist nötig, dazu der Einzug von U-Booten, Waffen, Lastwagen und 150 000 Eisenbahnwagen sowie die Abrüstung der gesamten Hochseeflotte. Die härteste Bedingung für die Zivilbevölkerung ist die Fortsetzung, ja Verschärfung, der Lebensmittelblockade. Aber es besteht immer noch Hoffnung, daß die Friedensverträge Erleichterung bringen könnten.

Als der Waffenstillstand endlich unterzeichnet ist, überwiegt trotz der harten Bedingungen die Erleichterung. Ein Soldat berichtet aus Belgien über den 11. November: »Um 11.55 Uhr kam die Nachricht: ›Nicht mehr schießen, es ist Waffenstillstand!‹ Auch die Flieger mußten es in den Lüften erfahren haben; denn auch sie kehrten zurück. Nach unsagbaren Leiden und Opfern, nach so vieler Todesangst kam die so heißersehnte Stunde ... Der Jubel war von allen Seiten weit her hörbar. Nun gings retour. Der Drang nach der Heimat war unermeßlich.«

Aber bald folgt Ernüchterung angesichts der Einzelheiten des Waffenstillstands. Auch der Österreicher Schnitzler ist kritisch: »Die furchtbar-unsinnigen Waffenstillstandsbedingungen der Entente an

Deutschland. Sie überspannen den Bogen. Angeblich schon Verbrüderung der Arbeiter- und Soldatenräte an den feindl. Fronten.« (11.11.1918) Und am 12. November: »National-Versammlung. Proclamirung der Republik... Schießerei, von der rothen Garde ausgehend... Ein welthistorischer Tag ist vorbei. In der Nähe sieht er nicht sehr großartig aus.«

An diesem Tag notiert Viktor Walther: »Der Umsturz ist nun in ganz Deutschland fertig, sämtliche Fürsten mußten abdanken. Die ganze Macht liegt in den Händen des Arbeiter- und Soldatenrates.« Und am 13. November: »Aber was für ein Waffenstillstand? Wir sind vollständig in die Hände der Sieger gegeben und unser wirtschaftlicher Ruin wird unausbleiblich sein.«

Frankreich dagegen ist im Freudentaumel. Der französische Offizier Charles René Menard erfährt vom Waffenstillstand in einem bretonischen Dorf. Der Pfarrer verkündet die Nachricht. »Man läßt unsere Verbündeten hochleben. ›Es lebe Frankreich und es lebe Amerika! Es lebe Foch, es lebe Joffre!‹ Man dankt Gott und den Poilus; und der Pfarrer zeigt seine große Herz-Jesu-Fahne, die triumphierend über dem Kirchplatz weht. Jeder denkt an diejenigen unter den Seinen, die mit ihrem Opfer diese Stunde ermöglicht haben. Die Tränen rinnen, ohne daß man sie zu verbergen sucht, aber die Gesichter lachen: Das Angesicht Frankreichs ist heiter.« (DF)

In ihren Händen liegt das Schicksal des neuen Deutschland: von links David Lloyd George, Vittorio Emanuele Orlando, Georges Clemenceau und Woodrow Wilson. Der Waffenstillstand und noch mehr der Friedensvertrag von 1919 tragen Clemenceaus Stempel. Er fordert die völlige Entmachtung und Demütigung Deutschlands, kann sich aber nicht in allen Punkten durchsetzen.

Deutsche Karikatur über die britische Armee: Vor einer Reihe krummbeiniger Soldaten agiert ein jüdischer Soldat in schlaffer Körperhaltung, mit wild gestikulierenden großen Händen, mit offenem Mund unter einer riesigen Nase – wie ein verkleideter ostjüdischer Hausierer wirkend. Die Botschaft des Bildes: Juden sind keine tüchtigen Soldaten, auch nicht in der britischen Armee.

Mit Anzeigen wie dieser wehrt sich der »Reichsbund jüdischer Frontsoldaten« gegen die öffentlichen Verleumdungen und Beschimpfungen.

Antisemitismus

Arthur Schnitzler, der im Roman *Der Weg ins Freie* und im vor 1918 verbotenen Drama *Professor Bernhardi* den wachsenden Wiener Antisemitismus eindringlich behandelt, notiert auch in seinem Tagebuch manche Einzelheiten; so habe eine Dame »beim Labedienst den jüdischen Soldaten natürlich nichts gegeben, die sollten überhaupt in der Front ganz vorn stehn um erschossen zu werden; – Erbitterung – sie wird sogar verhaftet – am Tag drauf – auf Intervention des Erzherzog Salvator frei gelassen!« Franz Salvator ist der Ehemann der Kaisertochter Marie Valerie. Schnitzler über die fatale Verquickung von katholischem Antisemitismus mit den neuen Rassetheorien: »Ist dieses Land zu retten?« (14. 9. 1914) Von seinem Bruder, dem Chirurgen, erfährt er, »daß vom Magistrat Wien bisher ausschließlich jüdische Ärzte den Flecktyphusspitälern zugetheilt werden. Man spricht vom ›gelben Flecktyphus‹.« (26. 4. 1915) Und von einem tüchtigen jüdischen Soldaten: »Der Hauptmann hat erklärt, daß bei ihm kein Jud Offizier wird.« (22. 5. 1915)

Im Deutschen Reich entsteht eine Kampagne, die Juden als »Drückeberger« im Krieg beschimpft. Daraufhin ordnet die Armee 1916 eine »Judenzählung« an. Das Ergebnis bestätigt, daß jüdische Soldaten gleiche Verluste wie Nichtjuden haben, bleibt aber, da unerwünscht, unveröffentlicht. Die falsche Beschuldigung wird aufrechterhalten, was dem scharfen Antisemiten Ludendorff nur recht ist. Denn auch seine »Dolchstoß«-Legende beruht auf massivem Antisemitismus: gegen Drückeberger, Schieber, Revolutionäre, Bolschewisten, Demokraten, Pazifisten, Internationalisten – alle angeblich »nichtdeutsch«, gemeint: jüdisch.

Jahrhundertealten Mustern entsprechend wird der Haß auf die Juden um so größer, je schlimmer die soziale Lage wird. 1918 notiert Schnitzler: »Der Antisemitismus. Pogromdenkbarkeiten. – O[lga] ist für Auswanderung, sofort.« (16. 6. 1918) Ein jüdischer Arzt wird von einem deutschnationalen Kollegen als »Sie Fremdling« angeschnauzt. (15. 7. 1918) Im Juli erfährt Schnitzler, daß der berüchtigte antisemitische

Jesuitenpater Heinrich Abel, ein Intimus Kaiser Karls, im Wallfahrtsort Mariazell gepredigt habe, »nur die Juden hätten im Weltkrieg ihre Pflicht nicht gethan, sie seien an den Gerüchten über das Kaiserpaar und an allem Elend schuld; man müsse sie ausrotten«. Schnitzler telephoniert daraufhin mit Freunden, »was zu unternehmen; – bin für eine quickliche Klage der jüdischen oesterreichischen Offiziere gegen Abel; und Zeugenvorladung des Kaisers, des Kriegsministers u.s.w.« (16.7.1918) Am 19. Oktober: »Möglichkeiten von Unruhen in Wien. Julius räth, einzelnes in Sicherheit zu bringen. Welche Zeit!«

In Wien, das außer den zahllosen Flüchtlingen mehr als zehn Prozent Juden in der Bevölkerung hat, geht im Oktober die sehr konkrete Angst vor Pogromen um. Schnitzler am 13. Oktober über Gerüchte, daß im Villenviertel »Cottage«, wo die Familie Schnitzler wohnt, »die jüdischen Häuser für bevorstehenden Pogrom mit Todtenköpfen bezeichnet seien (unsichtbar für die Besitzer und Bewohner!)«. Hier geht es um die Anschuldigung, »die Juden« seien Kriegsgewinnler. Am 14. Oktober: »Die innern Zustände total unhaltbar. Regierung machtlos; – Verwaltung kopflos ... Olga verfällt in eine wahre Revolutionspsychose.«

Andererseits vollzieht sich, unbemerkt von der deutschen Öffentlichkeit, Entscheidendes an der türkischen Front im Nahen Osten: Nach der Eroberung und Besetzung des bisher türkisch regierten Palästina stellt die britische Regierung in der »Balfour-Deklaration« vom 2. November 1917 dem jüdischen Volk die »Schaffung einer nationalen Heimstätte für das jüdische Volk« in Palästina in Aussicht.

Nach dem Abzug der k. u. k. Truppen aus Galizien brechen im neuen Staat Polen gewaltsame Unruhen gegen die jüdische Bevölkerung aus. Gegen diese Verfolgungen – aber auch gegen die drohende Pogromgefahr in Wien – organisiert der »Jüdische Nationalrat« Großkundgebungen in den »judenreichsten« Bezirken Wiens: der Innenstadt, der Leopoldstadt und der Brigittenau.

Rückzug

5 1/2 Millionen deutsche Soldaten müssen innerhalb kürzester Zeit in die Heimat zurück, etwa gleich viele Frontsoldaten wie Besatzungssoldaten. Es gibt kaum noch verfügbare Eisenbahnzüge und Pferde für die Wagen. Schnitzler: »Heimfahrt von der Front. 289 Soldaten todt in den Tunnels geborgen.« (8.11.1918) Käthe Kollwitz: »Die Nachrichten über Heimkehr der Soldaten so schrecklich, daß einem graut. In jedem Zug sollen Totgequetschte sein.« (15.11.1918) Viktor Walther: »Unser Abtransport und Rückzug über die Rheingrenze mag schlimmer sein als vor 100 Jahren Napoleons Rückzug aus Rußland.« (17.11.1918)

Viele Soldaten machen sich allein oder in kleinen Gruppen auf den Weg. So tauchen im Allgäu drei österreichische Soldaten auf, die zu Fuß von der Ortlerfront kommen und sich beklagen, »daß ihre Offiziere zum Waffenstillstand ohne weiteres mit den Autos davonfuhren und die Mannschaften im Stiche ließen. Ohne Löhnung und ohne schriftlichen Ausweis wurden sie von der Front weggeschickt.« (Merk 6.11.1918)

Ein Soldat erzählt vom Rückzug aus Belgien in einer 110 Kilometer langen, von Offizieren geführten Marschkolonne »aus 600 000 Mann und 72 000 Fahrzeugen«. Am 13. November erreicht er die belgische Grenze und beeilt sich: Wer bis 18 Uhr des 14. November nicht die Maasbrücke passiert hat, wird gefangengenommen. Im Rheinland hätten die Leute gemeint, »man sollte es nicht für möglich halten, daß man mit so viel Soldaten den Krieg verlieren könnte, denn schon 14 Tage gingen ununterbrochen Truppen und Fahrzeuge durch«. In 30 Tagen legen die Männer 700 Kilometer zu Fuß zurück.

Hunderttausende Soldaten wissen nicht, wohin sie gehen sollen. So haben viele deutschsprachige Österreicher ihre Heimat verloren: in Südtirol, Triest, Böhmen, Galizien, Fiume und so fort.

Die meisten Heimkehrer müssen zu Fuß nach Deutschland zurück. In zerschossenen Dörfern und Städten werden sie immer wieder mit den eigenen Zerstörungen konfrontiert.

In kilometerlangen Kolonnen ziehen die deutschen Wagen und Truppen in die Heimat.

Deutsche Truppen stehen im November unter anderem in Belgien, Nordfrankreich, der Ukraine, am Kaukasus, im Baltikum und in Polen. Hier ein Brief aus Lodz in Russisch-Polen.

Die k.u.k. Truppen haben sich längst national geteilt und kehren direkt in die jeweiligen neuen Staaten zurück. So kommen in Wien vor allem deutschsprachige Soldaten an, wie hier Matrosen aus der Hafenstadt Pola.

Diese Karte stammt noch aus besseren Tagen, als man sich die Kriegsheimkehrer als strahlende Sieger und ruhmbekränzt vorstellte. Nun aber kommen besiegte, ausgehungerte, unendlich müde, zerlumpte Männer zurück.

Heimkehr

In Städten und Dörfern sind Ehrenpforten mit Spruchbändern »Willkommen in der Heimat« bereit. Philipp Winter aus dem Allgäuer Dorf Bolsterlang: »Einzeln, unangemeldet kamen sie an.« Und: »Gegen die am Kriege Verantwortlichen, gegen Militarismus und Regierung trugen alle tiefen Groll im Herzen, und wäre eine Reichs- und Landtagswahl gleich nach ihrer Heimkehr abgehalten worden, fast lauter sozialistische Stimmen wären abgegeben worden.«

Für viele Soldaten ist die Heimkehr schmerzlich: Handwerker haben ihre Werkstätten längst verloren. Bauern finden ihre Höfe in desolatem Zustand oder wegen Überschuldung verkauft. Viele Heimkehrer haben alles verloren: Wohnung aufgelöst, Frauen unauffindbar, Kinder in irgendeinem Waisenhaus verschollen.

Hunderttausende Heimkehrer sind krank, blind, verstümmelt, pflegebedürftig, alle traumatisiert und so mancher im Krieg verroht. Selbst wenn sich die Paare wiederfinden, wird der Neuanfang für viele schwer, zumal es in allen sozialen Schichten noch ein anderes Problem gibt, wie Schnitzler von einem befreundeten Arzt erfährt: »Erschreckend, sagt er, die Gonorrhoen bei den jungen Damen aus guter Familie (heimkehrende Krieger).« (13.6.1918) Aber auch manche Frauen hatten im Krieg sexuelle Erfahrungen mit anderen Männern. Vier Kriegsjahre haben die alte Sexualmoral gründlich untergraben. Die Kirche hat an Autorität verloren. Die Scheidungsraten erreichen Rekordhöhen. Und niemand ahnt 1918, daß das Elend auch im Frieden kein Ende haben wird.

Viele Kriegerwitwen und -waisen sind auf Spenden angewiesen.

Diese Karte von 1914/15 – links an der Tür lehnt das Gewehr – mit dem nun, 1918, fast zynisch klingenden Spruch: »Nun wollen wir im trauten Heim / Recht fröhlich wieder beisammen sein!« Der Krieg hat Männer wie Frauen verändert. Die Soldatenfrauen, die in Abwesenheit des Mannes oft erstmals in ihrem Leben eigenes, wenn auch wenig Geld erarbeiteten und verwalteten, sind selbstbewußter und unabhängiger geworden. Viele haben als Arbeiterinnen eine neue Form von Beziehung zu Männern kennengelernt: den Kollegen, den Kameraden. Nun schaffen es viele nicht mehr, in die Rolle des Heimchens am Herd zurückzukehren.

Eine häufige Familienszene von 1918/19: Eine Frau wartet vergeblich auf ihren Mann. Die Großmutter und das Kind versuchen, sie zu trösten. Das Warten auf Vermißte wie auf Kriegsgefangene kann noch Jahre dauern. Erst nach drei Jahren ist eine Todeserklärung von Vermißten möglich. So lange bleibt die Frau ohne Witwenrente. (»Die Schönheiten des Krieges« von Louis Raemaekers.)

Hunderttausende kommen als Verwundete, Krüppel, Sieche, Kriegsblinde oder Verwirrte heim. Ihre medizinische und finanzielle Versorgung ist mangelhaft, bezahlte Arbeit nicht zu bekommen. So mancher endet als Leierkastenmann, genauer gesagt: als Bettler, wie Heinrich Zille vor Augen führt.

Gräber

Endgültige Zahlen der Toten des Ersten Weltkriegs gibt es nicht. Nur ungefähr kann man von acht bis zehn Millionen toten Soldaten sprechen, nicht gerechnet die Opfer der kriegsbedingten Seuchen, die Hungertoten, die in Gefangenenlagern Gestorbenen oder die vielen nie gefundenen Toten, die als vermißt in die Statistiken eingingen. Nur die Hälfte dieser Toten haben ein Grab. Die Körper der anderen sind bis zur Unkenntlichkeit zerfetzt, zertrampelt, irgendwo in einem Granatloch, einem Schützengraben, im Hochgebirge, zwischen den Linien vermodert.

Käthe Kollwitz grübelt ihr Leben lang, was eigentlich im August 1914 geschah: »Es wird für ewig bestehn bleiben, daß das Leben in den Dienst einer Idee gestellt werden muß. Was aber ist in diesem Fall daraus gefolgt? Peter, Erich, Richard, alle stellten ihr Leben unter die Idee der Vaterlandsliebe. Dasselbe taten die englischen, die russischen, die französischen Jünglinge. Die Folge war das Rasen gegeneinander, die Verarmung Europas am Allerschönsten.« Die große Frage sei: »Ist also die Jugend in all diesen Ländern betrogen worden? Hat man ihre Fähigkeit zur Hingabe benutzt, um den Krieg zustande zu bringen? Wo sind die Schuldigen? Gibt es die? Sind alles Betrogene? Ist es ein Massenwahnsinn gewesen? Und wann und wie wird das Aufwachen sein? ... Wahr ist nur, daß die Jungen, unser Peter ... mit Frömmigkeit in den Krieg gingen. Und daß sie wahr machten, für Deutschland sterben zu wollen. Sie starben – fast alle. Starben in Deutschland und bei Deutschlands Feinden, Millionen.« (10.10.1916)

Friedhof und Beinhaus der Gefallenen von Verdun in Douaumont. Im Beinhaus sind die Überreste von 130 000 nicht identifizierten Gefallenen beigesetzt. Auf dem Friedhof sind 15 000 Gräber identifizierter Franzosen. Der Turm, von dem aus man das ganze Schlachtfeld überblickt, hat die Form einer Granate.

Kriegerfriedhof Gladyszów in den Karpaten.

Käthe Kollwitz: »Die trauernden Eltern«, Statuen in Gestalt von Käthe und Karl Kollwitz auf dem Gräberfeld des Soldatenfriedhofs von Roggevelde. Ganz nah bei ihnen ist das Grab ihres 18jährig bei Ypern gefallenen Sohnes Peter. Grab und Statuen befinden sich heute in Vladslo in Flandern und sind zum Symbol für den Krieg und die unzähligen privaten Tragödien geworden.

Anhang

Hinweise zu den Abbildungen

Familie Walther: 10

Bruno Winter: 11

Hannelore Fischer (Hg.), Käthe Kollwitz, Die trauernden Eltern, Köln o. J.: 77, 352 f.

Michael Wessolowski: 116

Hans Weigel, Walter Lukan, Max D. Peyfuss, Jeder Schuß ein Russ, jeder Stoß ein Franzos …, Wien 1983: 157 u.

Magnus Hirschfeld, Sittengeschichte des Weltkrieges, diverse Ausgaben: 185 o., 208, 209 o.

Pöhland: 191 u.

Klaus Reisinger: 248 u.

Hermann Decker, Heilen und Helfen, Stuttgart 1916: 250, 252

Ernst Friedrich, Krieg dem Kriege, 1924: 253 u.

Engelbert Humperdinck (Hg.), Sang und Klang fürs Kinderherz, Berlin 1911: 314

Alle anderen Abbildungen: Familienarchiv Hamann

Orientierungshilfe

AS: Arthur Schnitzler, Tagebuch (Bände 1913 bis 1916 und 1917 bis 1919), hg. im Verlag der Österreichischen Akademie der Wissenschaften, Wien 1983 und 1985

Benedikt: Heinrich Benedikt, Damals im alten Österreich, Wien 1979

DF: Deutschlandfunk »Feldpostbriefe – Lettres de poilus«. Sendereihe 1998. Internet

k.: »königlich«, für Ungarn

k. k.: »kaiserlich königlich« (Kaiser von Österreich, König von Böhmen) für den westlichen Teil der Habsburgermonarchie, also Cisleithanien

k. u. k.: »kaiserlich und königlich« (Kaiser von Österreich, König von Böhmen und König von Ungarn) für die Gesamtmonarchie, also Österreich-Ungarn

KbJ: Kriegsbriefe gefallener deutscher Juden, Stuttgart 1961

KbSt: Philipp Witkop (Hg.), Kriegsbriefe gefallener Studenten, München 1928

KK: Käthe Kollwitz, Die Tagebücher, hg. von Jutta Bohnke-Kollwitz, Berlin 1989

OHL: Oberste Heeresleitung des deutschen Feldheeres 1914–1918

Pöhland: Doris Kachulle (Hg.), Die Pöhlands im Krieg, Köln 1982

Redlich: Fritz Fellner (Hg.), Das politische Tagebuch Josef Redlichs, 2 Bde. Graz, Köln 1954

Roy: Den Text der Grabrede (S. 58) verdanke ich Louis Roys Urenkelin Christiane Proust, die ihn in ihrem Familienarchiv fand. Für die Vermittlung danke ich Gertrud Lütgemeier

Sperber: Manès Sperber, Die Wasserträger Gottes, Wien 1974

VW: Viktor Walther, Der Heubischer Viktor. Aus dem Tagebuch des Landwirts, Metzgers und Schankwirts Viktor Walther aus Heubisch für die Jahre 1916 bis 1932, hg. von Heinz Schleevoigt, Weimar 1994 (Privatdruck)

WH: Nachlass Walther Hamann, Tagebuch, Briefe hss. Familienarchiv

Winter: Hauptlehrer Philipp Winter, Kriegserinnerungen von Bolsterlang. 2. Teil von: Fischen im Weltkrieg 1914–1918. Im 1. Teil Aufzeichnungen von Hauptlehrer Leopold Merk. Privatdruck o. J. (1921)

Zweig: Stefan Zweig, Die Welt von gestern, Hamburg 1965

Personenregister

(Mit einem * versehen wurden die Namen von »ganz normalen« Soldaten, die im Buch zitiert oder abgebildet sind.)

PIPER

Brigitte Hamann

Hitlers Edeljude

Das Leben des Armenarztes Eduard Bloch. 512 Seiten mit 160 Abbildungen. Gebunden

Dr. Eduard Bloch (1872–1945) war in Linz Hausarzt von Hitlers Mutter Klara. Aufopferungsvoll begleitete er 1907 ihr Sterben. Damals entwickelte sich eine herzliche Beziehung zwischen dem frommen Juden und dem 18-jährigen Adolf Hitler. Als der »Führer« 1938 in Linz einzog, erwähnte er mehrfach lobend den »Edeljuden Dr. Bloch«. Er sorgte dafür, dass Bloch von der Linzer Gestapo »geschützt« wurde und 1940 mit seiner Frau in die USA emigrieren konnte. Doch Amerika wurde ihnen nicht mehr zur Heimat. Brigitte Hamann erzählt aus vielen privaten Quellen von Bloch und dessen großer Familie, von einem Leben in politisch wirren Zeiten. In »Hitlers Wien« hat sie die Ursprünge von Hitlers Antisemitismus erklärt. Hier widerlegt sie auch die abenteuerliche These, der jüdische Arzt Dr. Bloch sei einer der Auslöser dafür gewesen.

01/1740/01/R

Brigitte Hamann

Kronprinz Rudolf

Ein Leben. Aktualisierte Neuausgabe. 544 Seiten mit zahlreichen Abbildungen. Piper Taschenbuch

Der Suizid von Kronprinz Rudolf von Österreich (1858 bis 1889) in Mayerling am 30. Januar 1889 war ein Schock für ganz Europa und sollte die Welt nachhaltig beeinflussen. Hier zeichnet die Bestsellerautorin Brigitte Hamann das detaillierte Bild eines liberalen Intellektuellen, der stets vehement gegen Antisemitismus, Nationalitätenhaß und Klerikalismus eintrat und dessen politisches Ziel ein vereintes Europa liberaler Staaten war.

»Ein profundes und dabei außerordentlich lesbares Werk, ein Buch, das keineswegs nur historisch interessierte Leser fesseln kann, sondern auch eine reiche Fundgrube für psychologisch Interessierte bedeutet.«
Wochenpresse

05/1298/03/L

Brigitte Hamann

Elisabeth

Kaiserin wider Willen. 640 Seiten mit 103 Abbildungen. Überarbeitete Neuausgabe. Piper Taschenbuch

Das übliche süße Sisi-Klischee wird man in diesem Buch vergeblich suchen: Elisabeth, Kaiserin von Österreich, Königin von Ungarn, war eine der gebildetsten und interessantesten Frauen ihrer Zeit: eine Königin, die sich von den Vorurteilen ihres Standes zu befreien vermochte. Häufig entfloh sie der verhaßten Wiener »Kerkerburg«, weil sie nicht bereit war, sich von den Menschen »immer anglotzen« zu lassen. Statt dessen war sie monatelang auf Reisen, lernte Sprachen und trieb – im Rittersaal der Hofburg! – Sport. Schon vor dem Attentat war sie eine legendäre Figur geworden.

05/1297/03/R

Brigitte Hamann

Bertha von Suttner

Ein Leben für den Frieden.
560 Seiten mit 52 Abbildungen.
Piper Taschenbuch

Das abenteuerliche Leben der Gräfin Kinsky, verheiratete Baronin von Suttner, die den Erfinder des Dynamits dazu bewegte, den Friedensnobelpreis zu stiften, und die selbst eine der ersten war, die ihn verdiente und bekam: Bertha von Suttner, Gouvernante, Schriftstellerin, politische Journalistin, Vorkämpferin für den Frieden.

»Eine Biographie, wie frau sie sich wünscht: lebendig, mit vielen Zitaten, engagiert, aber mit kritischer Distanz. Noch heute hätte das kriegsfreudige Feuilleton seine Freude an der ›Friedensbertha‹.«
Emma

05/2285/02/L

Brigitte Hamann

Hitlers Wien

Lehrjahre eines Diktators.
652 Seiten mit 100 Abbildungen.
Piper Taschenbuch

Brigitte Hamann auf Spurensuche in Hitles Wien. Niemand hat bisher eine derartige Fülle von zeitgenössischen Quellen ausgewertet. Die Autorin ist damit zu *der* Expertin für Hitlers frühe Jahre in Wien geworden. Ihr Buch ist die umfassendste Biographie des jungen Hitler und zugleich das Porträt einer Stadt, die ihm verhaßt war und in die er 1938 als Triumphator zurückkehren sollte.

»Dieses Buch wird unentbehrlich sein für die künftige Hitlerforschung, die nun überhaupt erst richtig einsetzen kann – eine Herausforderung nicht nur für Zeithistoriker, sondern ebenso für Soziologen, Politologen und Psychologen.«
Karl-Heinz Janßen, Die Zeit

05/1284/02/R

Brigitte Hamann

Winifred Wagner oder Hitlers Bayreuth

688 Seiten mit 104 Abbildungen. Piper Taschenbuch

Bayreuth 1923: Erstmals besucht Hitler die Villa Wahnfried, Hort der Nationalen und Antisemiten – der Beginn einer lebenslangen Freundschaft zwischen Siegfried Wagners Frau »Winnie« und »Wolf«. Ab 1933 wird der Ort während der Festspiele zum Zentrum europäischer Politik. Winifred nutzt die Macht, die sie durch Hitler erhält, für die Festspiele, aber auch für Verfolgte des Regimes. Bis zu ihrem Tod 1980 verehrt sie ihren Freund »Wolf«. Aus vielen bisher unbekannten Quellen ist ein Buch voller Zündstoff entstanden, das erstmals in dieser Deutlichkeit die Beziehungen zwischen Hitler und der Familie Wagner offenlegt.

»Ihr wahrscheinlich interessantestes Buch. Die ideologische Anziehung zwischen Bayreuth und dem jungen Hitler hat sie überzeugend eingefangen.«
Frankfurter Allgemeine Zeitung

05/1496/02/L

Joseph Goebbels

Tagebücher

In fünf Bänden 1924–1945. Herausgegeben von Ralf Georg Reuth. 2322 Seiten. Piper Taschenbuch

Die Tagebücher des Joseph Goebbels von 1924 bis 1945 werden hier in einer kommentierten Auswahl zugänglich gemacht. Tag für Tag schrieb Goebbels als junger Nationalsozialist, als Hitlers Gauleiter, als Reichsminister für Volksaufklärung und Propaganda seine Eindrücke und Erlebnisse nieder. Da die Aufzeichnungen nicht nur die Wahnwelt des Joseph Goebbels widerspiegeln, sondern auch den Blick in den inneren Zirkel der Macht freigeben, zählen sie zu den wichtigsten Quellen der Vorgeschichte und Geschichte des Dritten Reiches. Die ausgewählten Texte werden durch ausführliche Erläuterungen des Herausgebers Ralf Georg Reuth und ein Namenregister erschlossen.

05/1942/02/R

PIPER

Heimo Schwilk

Ernst Jünger

Ein Jahrhundertleben. Die Biografie. 624 Seiten mit 44 Abbildungen auf Tafeln. Gebunden

In den »Stahlgewittern« des Ersten Weltkriegs wurde er berühmt. Er schrieb eines der größten Kriegsbücher aller Zeiten. Er war glühender Nationalist und Antidemokrat, aber beteiligte sich am Widerstand gegen Hitler, wofür sein ältester Sohn mit dem Tode büßen musste. Schließlich wurde er zum europäischen Klassiker: Ernst Jünger, der 1998 im Alter von 102 Jahren starb, verkörpert das deutsche Jahrhundert wie kein anderer. Heimo Schwilk, mit dem Dichter persönlich gut bekannt, erhielt exklusiven Zugang zu Jüngers Nachlass und konnte so ein einzigartiges Bild dieses faszinierend-widersprüchlichen Mannes zeichnen. Seine umfassende Biografie beschönigt und entschuldigt nichts, sie macht vielmehr deutlich, warum sich der deutsche Bundeskanzler und der französische Präsident in einer nie gekannten Geste vor Jünger und dessen Lebenswerk verneigten.

01/1693/01/L

PIPER

Rolf Hosfeld, Hermann Pölking

Die Deutschen 1815 bis 1918

Fürstenherrlichkeit und Bürgerwelten

Die Deutschen 1918 bis 1945

Leben zwischen Revolution und Katastrophe

Die Deutschen 1945 bis 1972

Leben im doppelten Wirtschaftswunderland

Die Deutschen 1972 bis heute

Auf dem Weg zu Einheit und Freiheit

Als ob Sie dabei gewesen wären: Auf dieser Piper Zeitreise erleben Sie deutsche Geschichte neu – in einer multimedialen Form, die einmalig ist.

Die Bücher bieten auf rund 500 Seiten spannend und informativ aufbereitete Lektüre. Hochwertig ausgestattete Bände, durchgehend farbig bebildert mit rund 450 teils noch nie zuvor veröffentlichten Fotos, anschaulichen Grafiken und Karten. Buch und DVDs im mattierten Folienschuber. Die drei DVDs zu jedem Buch enthalten Filmmaterial, das bislang so noch nicht zu sehen war: Bilder des alltäglichen Lebens aus allen Regionen Deutschlands. Aufnahmen, die in mehr als zwanzig Jahren intensiver Recherche eigens für dieses Projekt zusammengetragen, ausgewertet, restauriert, geschnitten und vertont wurden. Die Sprecher sind bekannte Schauspieler wie Gudrun Landgrebe, Hanns Zischler und Peter Kaempfe.

01/1707/01/R